돌아갈 수 없어 다행이다

현대수필가100인선 II · 58

돌아갈 수 없어 다행이다

김수인(광영) 수필선

수필과비평사 · 좋은수필사

■ 책머리에

수필은 누구나 부담 없이 읽고, 마음만 먹으면 직접 쓸 수도 있는 가장 친근한 문학이다. 다른 영역의 문학이 영상매체에 밀려 신음하고 있는 중에도 수필 인구만은 날로 증가하여 바야흐로 수필 전성시대를 구가하고 있는 이유도 거기에 있을 것이다.

시대적 추세에 힘입어 수많은 수필전문지, 수필동인지가 창간되고, 이에 비례하여 신진 수필가도 날로 늘어나다 보니 이제는 그 많은 작가, 그 많은 작품 중에서 문학성 높은 작품을 가려 읽는 일이 쉽지 않게 되었다. 이런 현상은 작가에게나 독자에게나 결코 바람직한 일이 아니다. 더 나아가서는 수필을 연구하는 후세들에게도 큰 부담이 될 것이다.

이런 문제를 해결하는 데는 출판인도 마땅히 한몫을 감당해야 한다는 평소의 소신에 따라, 본사가 기꺼이 그 역할을 맡기로 했다. 그 첫 번째 사업으로 시대를 대표할 만한 수필가 100인을 선정하고, 작가가 자선한 40편 내외의 작품을 수록한 문고본을 발간하여 이를 널리 보급함으로써 그 소임을 다하고자 한다.

본사는 사명감을 가지고 이 사업을 추진해 나가기로 했다. 작가 선정을 전담할 편집위원회를 구성하고 전권을 위임하여 일체의 사적인 정실이나 청탁을 배제함으로써 전문성과 공정성을 확보해 나갈 것이다.

따라서 이 기획물 속에는 작가의 문학정신뿐만 아니라, 본사의 문학사적 기여 의지와 편집위원 제위의 수필문학에 대한 애정과 문인으로서의 양심이 함께 담겨 있음을 자부한다. 다만, 작가를 선정하는 기준에는 많은 견해의 차이가 있을 수 있고, 선정 과정에서도 미처 챙기지 못한 부분이 있을 것이라는 사실만은 인정하지 않을 수 없다. 이 점에 대해서는 관계자 여러분의 양해 있으시기 바란다.

이 시리즈의 발간 순서는 작가, 또는 본사의 사정에 의한 것일 뿐 그 밖의 어떤 기준도 적용하지 않았음을 밝힌다.

본 기획물이 시대를 초월한 많은 수필 애호가들의 관심과 애정 속에 우리나라 수필문학 발전에 한 이정표가 되기를 바랄 뿐이다.

본사에서는 이상과 같은 취지로 ≪현대수필가 100인선≫ 전 100권을 완간하여 큰 반향을 불러일으킨 바 있다.

그러나 우리 수필문단의 규모나 수필문학의 수준에 비추어 선정 작가를 100인으로 한정하는 것은 형평성이나 효율성 면에서 크게 부족하다는 의견이 많았고, 본사 또한 이를 통감하던 터라 기꺼이 ≪현대수필가 100인선Ⅱ≫를 발간하기로 했다.

본사의 충정에 찬동하여 출판에 응해주신 저자 여러분에게 진심으로 감사한다.

2014년 9월 일

수필과비평사 · 좋은수필사 발행인 서 정 환
현대수필가 100인선 간행 편집위원 박 재 식 최 병 호
정 진 권 강 호 형
오 세 윤

| 차례 | 현대수필가100인선 II · 58

1_부 노을처럼

노을처럼 • 12
떡잎 되던 날 • 16
돌쩌귀 • 20
방문객 • 24
섬 • 28
객승 • 32
옴쌀 • 37
돌아갈 수 없어 다행이다 • 41
큰물 지던 날 • 45
A형과 B형의 조합調合 • 49

2_부 봉식이

술꾼의 아내 • 54
끝을 누르는 꽃 • 58
일본에서 온 편지 • 62
봉식이 • 67
크레파스 • 70
큰외숙모 • 74
옻나무, 일어서다 • 78
이장移葬 • 83
개목사를 찾아서 • 88
배롱나무 • 92

3_부 가을 편지

담쟁이덩굴 • 98
허기 • 102
회색의 변 • 107
당고모 • 111
껍데기 • 116
걸인의 밥상 • 120
가을 편지 • 124
운현궁에서 • 128
울, 그리고 담 • 132
조율하던 소리 • 136

4_부 고라니들, 이민 계획 중

전재용 선장님께 • 142
글 항아리 앞에서 • 149
마두금馬頭琴 • 154
함축, 그 웅숭깊은 매력 • 157
원판 불변의 법칙 • 161
콩바심 마당에서 • 165
사막에서 온 그들 • 168
고라니들, 이민 계획 중 • 173
가지치기 • 178
꿈, 살려내다 • 182

■ 작가연보 • 186

1부

노을처럼
떡잎 되던
돌찌귀
방문객
섬
객승
옴쌀
돌아갈 수 없어 다행이다
큰물 지던 날
A형과 B형의 조합調合

노을처럼

세월 이기는 사람은 없다더니 고모도 그러했다. 곱던 얼굴에 검버섯이 피고 부챗살 같은 주름도 늘어나 당신의 모습은 연세보다 몇 년은 더 늙어 보인다. 명절 끝이라 새해 인사를 드리고 이런저런 얘기를 하는 중에 "내가 요새 어데 나가면 할매라고 해서 밖에 나가기가 싫다."고 하시는 진지한 표정이 내겐 꽤 충격적이다. 도시에서 곱게 가꾸는 분들이야 일흔이라도 곱게 보이지만 시골노인 일흔은 완전히 할머니다. 굽은 허리에 희끗희끗한 반백의 머리며, 고압선이 깊게 파인 얼굴은 어딜 보나 노인인데 할머니가 아니라니 보통 문제가 아니다. 다시 한 번 연세를 물었더니 칠십이란다. 옛날 같으면 상노인인 당신을 물오른 청춘쯤으로 생각하시나 보다. 그래도 그렇지 군대에 간 손자가 있는데 '아줌마'란 호칭에 연연하시다니….

 그런데 요즘 내 주위에도 친구들이 하나 둘씩 할머니가 되어 손자 키우는 얘기를 모임에 나와 떠들어댄다. 아직은 듣기 싫은 소린데 달갑지 않은 호칭이 우리 나이를 장식하고 있으니 속마음에 단풍이 든다. 나 역시 무조건 그 소릴 들어야 할 때가 얼마 남지 않았다. 받아들이기 힘들 것 같지만 조류에 밀려오는 물결을 뉘라서 막겠는가.

 승강기를 타고 오르내리며 11층에 사는 여섯 살짜리 딸아이를 자주 만나는데, 저 꼬마에게 나는 무엇으로 비칠까 궁금했다. 항상 엄마와 같이 다니기에 '언젠가는 혼자 타면 물어봐야지.' 속으로 벼르고 있었는데 오늘 마침 그 기회가 왔다. 15층에서 타고 내려가던 승강기가 11층에 멈춰 서자 피아노 가방을 든 그 꼬마가 타는 게 아닌가. 항상 만날 때마다 아침 햇살처럼 방실거려서 내가 먼저 인사를 건네곤 한다.

 "학원 가나." 했더니 "네."하며 인사를 받는다. 이 꼬마에게 묻고 싶은 말을 1층에 도착하기 전에 해야 한다. 만약 중간에 다른 사람이 타면 또 기회를 놓쳐버리기에 망설일 시간이 없다. 저 어린것의 눈에 나는 분명히 할머니로 비칠 것이다. 바른 대로 말하면 어떻게 할까. 가슴이 두근거린다. 아무도 없는 둘만의 공간에서는 꼬마가 진실을 말해도 부끄럽지 않을 테니 주저하지 말고 질문을 던지자. 좀 유치한 발상이긴 하지만 벼르고 별렀던 은밀한 시간에 호칭 테스트를 해보는 거다.

"꼬마야 내가 누군데?"

내 최고의 다정한 목소리로 물었더니 빤히 쳐다보던 꼬마가 난감한 표정으로 "사람"이라고 말하면서 벽에 바짝 붙어버렸다. 순간 '이 아이가 나의 질문에 공포심을 느끼는 게 아닐까.' 하는 생각이 들었다. 무슨 대답을 해야 저 할머니의 표정이 굳어지지 않을까를 고민하는 눈치다. 할머니라고 하면 화를 낼 것 같고, 아줌마라고 하기엔 자신이 솔직하지 못해서 중용의 미덕을 발휘한 걸까.

"그러면 사람 중에 무슨 사람인데?"

키를 바짝 낮추어 다시 물었더니 몸을 배배 꼬며 "아줌마사람." 하며 애교를 떠는 게 아닌가. 순간 고시에 합격한 의기충천한 사람처럼 화들짝 웃어버렸다. 그렁그렁 눈물까지 비치며 웃는 나를 보더니 그제야 아이도 긴장이 풀렸는지 가지런한 이를 드러내며 깔깔깔 웃는다.

몇 초 안 되는 짧은 순간을 시험 발표 방송처럼 가슴 조이며 얻어 낸 대답이 내가 원하는 아줌마로 낙찰되었다. 나는 아직 저 어린 꼬마에게 할머니로 전락하지 않았으니 얼마나 다행인가. 붉은 태양이 이글거리다가 서산으로 기울려 하는 이 안타까운 시점을 내가 저항하고 있는 것이다. 연륜에 반비례하는 여자의 아름다움을 빼앗기기 싫어 퍼덕거리는 내 주책으로 어린 꼬마가 곤욕을 치렀다.

인정하고 싶지 않은 현실을 순진한 꼬마에게 억지 부탁을 한 것이 부끄러울 뿐이다. 아무리 발버둥을 쳐도 탄력 없는 내 모습은 이미 시들시들한 쉰 세대인 것을. 차라리 현실을 겸허하게 받아들여 노을처럼 살까 보다.

떡잎 되던 날

 큰언니 같은 L 선생님께 아들 결혼 날짜를 잡았다고 했더니 대뜸 충고를 했다. "아들을 장가보내면 사촌쯤으로 여겨야지 자식으로 생각하면 매번 서운합니다." 하셨다. 그땐 뭐 그렇기까지 하겠나? 마음 단속 잘하라는 뜻이겠지 하고 건성으로 들었다. 제 짝과 오순도순 재미있게 살면 고맙지 서운한 생각이 왜 들까 의문마저 들었다.

 아래층 집 아들이 서울에서 예식을 올리던 날, 나는 아들네 집에도 가볼 겸, 혼주가 마련한 버스를 타면서 마음이 이스트 넣은 빵 반죽처럼 부풀었다. 신혼집에 불쑥 찾아가기가 민망해서 전화상으로 빈말을 건넸다. "너희 집에 갈 시간이 없으니 바쁜 새아기는 두고 아들이라도 얼굴 좀 보자."고 약속을 했다.

 서울에 있는 아들은 유년시절부터 고집 피우고 떼를 쓰며 울어본 적이 없다. 튀김을 하다가 밀가루가 부족하다면 군말 없이 쪼르륵 사다주었고, 해거름만 되면 부엌방에서 밥하는 엄마를 위해 피리를 불어주곤 했다. "미루나무 꼭대기에 조각구름 걸렸네, 실바람이 몰고 와서 살짝 걸쳐놓고 갔대요." 티 없이 맑고 순수한 피리 소리를 들으며 연탄 냄새 자욱한 부엌에서 국수를 삶아도 짜증스럽기는커녕 신바람이 났다. 동요가사만큼 파란 부추와 샛노란 계란지단을 올려 멸치 장국에 말아주면 호록호록 들이켜는 소리도 귀여웠지만 엄지손가락을 곧추세워 어미의 손맛을 한껏 추켜세우던 살가운 아이였다.

대학수능시험 점수가 잘 나왔을 때도 제 자랑은 접어두고 엄마가 뒷바라지를 잘해줘서 좋은 점수를 받았다며 어미 공덕으로 돌리던 아들이다. 군복무 시절에도 "아들아, 군대생활이 힘들지?" 물으면 "어머니, 저는 국가에서 잘 먹여주고 잘 입혀줘서 편히 지내고 있습니다." 군대 생활의 고역을 당해보지 않은 어미를 감쪽같이 안심시켜 주던 아들이었다. 그러던 아들이라 서울에서 십여 년 넘게 홀로 지내는 게 뼛속 깊이 외로워 보였는데, 주선해준 아가씨와 결혼하겠다니 마음속의 주름이 쫙 펴지는 듯했다. 퇴근해서 집에 가면 밥해 놓고 기다리는 가족을 만들겠다는 게 얼마나 고맙고 마음이 놓이던지.

어미를 만나기 위해 예식장에 나온 아들에게 잘 지내느냐고 물었더니 눈에 광채가 날 만큼 힘을 주어 잘 지낸다고 했다. 호텔로비에서 한 시간쯤 얘기를 나누면서도 나는 쇠를 깎듯

마디게 시간을 보내고 싶은데 아들은 눈치를 슬슬 보며 시계를 들여다보는 게 아닌가. 산전수전 다 겪은 어미가 그 뜻을 모를까. 날씨도 차가운데 어둡기 전에 어서 가라고 했더니 처음엔 한두 번 사양하더니 그럼 가도 되겠느냐고 했다. "그래, 엄마가 떠나는 걸 보면 서운하다. 어서 가거라." 등을 떠밀어 돌려 세웠다.

  말과 뜻은 다를 때가 종종 있다. 이내가 깔린 서울의 거리에서 남남처럼 돌아서는 아들의 뒤태를 보고 있자니 졸지에 서러움이 울컥 밀려들었다. 시계를 보니 대절버스 출발시간 15분 전이다. 단 5분이라도 더 보고 싶어 아들이 밟고 간 발자국을 따라 종종걸음을 치며 따라갔지만, 보폭이 큰 아들과의 간격은 쉬이 좁혀지지 않았다. 어미에게 미련이 남으면 한 번쯤 돌아볼 터인데 심중에도 없는 듯, 학 같은 다리로 성큼성큼 신사동역을 향해 걸어가고 있었다. '어미는 너를 못 잊어 이렇게 안달인데 고개 한 번 돌리지 않는 괘씸한 녀석이라니.'

  저만치서 신호등을 받고 있는 아들을 잡으려고 옥죄인 발로 걸음을 다잡았다. 간신히 거리를 좁혀 다가서려는 찰나에 신호등이 바뀌었고 아들은 잽싸게 횡단보도를 건너기 시작했다. 제가 무에 그리 바쁘다고 경보선수처럼 걷다니. 순간 체면을 던져버리고 손을 모아 크게 불렀다. "종~건~아." 무심한 것이 웅성거리는 궁중 속에서도 제 이름은 들리는지 힐끔 돌아보더니 애면글면 서있는 나를 목격했다. 눈을 왕방울만큼 크게 뜨고는 아주 황당한 표정으로 달려와서 "엄마! 이러면 우짜노, 먼저 가라 해놓고는."

 할 말이 없었다. 자식이 어찌 어미 속을 다 알까. 차마 하고 싶은 말은 못하고 주책없이 눈물만 줄줄 흘렸다. 고작 5분 더 보고 돌아서면서 그제야 나는 깨우쳤다. 이제 아들은 나를 떠나 젊은 아내의 남편이란 걸. 코트 주머니에 손을 넣고 새아기를 찾아 바쁜 걸음 치는 뒷모습을 보며 '그래, 나는 이제 떡잎이야. 너희들에게 내 모든 걸 다 빼앗긴 영양가 없는 떡잎! 이 철없고 무심한 자식들아.'

 혹한에 겪은 떡잎의 서러움은 쉬이 삭지 않았다. 내려오는 버스 안 유리창에 성에가 뽀얗게 끼었다. 손가락으로 "떡잎은 잘 내려가고 있다."고 휘적휘적 낙서를 했다.

돌쩌귀

 부모는 문을 짜는 목수일 뿐이다. 완자문이건 꽃살문이건 아무리 힘들게 제작했어도 돌쩌귀 앞에서 그 공로를 자랑하지 말아야 한다. 돌쩌귀를 심지 않아 벽에 세워둔 문을 보면 단지 공예품으로서 존재할 뿐 문으로서의 효용 가치가 없다. 모름지기 문이라면 문설주에 암돌쩌귀를 깊게 심어놓았을 때 제 구실을 한다. 문을 여닫는 일도 암돌쩌귀가 잡고 있어 가능하고, 바람에 펄럭펄럭 거드름을 피우는 짓도 그를 믿고 어릿광대를 피우는 것이다. 쇠붙이로 만든 장식품 하나가 문설주에 삽입되어 집의 완성도를 결정하는 걸 보면 암돌쩌귀의 소임이 실로 얼마나 막중한지 깨닫게 된다. 휴가철에 내려온 아들 내외를 보며 문득 그런 생각이 들었다.

 방에서 수유 시키던 며늘아기가 긴장된 얼굴로 아들의 휴대

폰을 들고 나온다. 해외에 출장가신 이사님으로부터 문자가 왔단다.

"이 과장, 지금 휴가 갔나요?"

점심을 먹고 있던 아들이 메시지를 확인하더니 소낙비 맞은 삼베옷처럼 순식간에 풀이 죽는 기세다. 모처럼 서울에서 장모님까지 모시고 내려와 생선회라도 대접하려던 참이었는데 황당한 감시를 받은 듯하다. 사실은 이사님께서 이번 프로젝트에 목숨을 걸라 하셨단다. 그 말은 휴가도 반납하고 연구하라는 암묵적인 지시였는데 가족과 함께 고향집으로 내려왔으니 입장이 난처한 모양이다. 부하 직원에게 막중한 일을 맡기고 출장가신 상사는 얼마나 궁금하고 불안했을까. 일의 진척을 알아보기 위해 회사로 연락했는데 자리에 없으니 언짢아서 보낸 메시지다.

아들은 말을 편집하는 데 서툴다. 이공계 출신이라서 그런지 앞뒤 설명 없이 단답형 아니면 직설법을 써서 상사의 비위 맞추기에는 적당하지 않은 듯하다. 휘청한 키로 거실을 서성대던 아들이 혼잣말처럼 중얼거린다. "목요일에 출근한다고 말씀 드릴까." 말에도 기교와 장치가 필요한데 좌뇌만 발달한 아들은 기껏해야 그 정도의 답변밖에 드릴 수 없는 모양이다.

제 가장의 말솜씨를 잘 아는 며느리가 자칫 화를 불러일으키기 좋을 답변을 가만히 버려 둘 리 없다. 나긋한 음성으로 "이리 와 봐요," 하며 손을 잡고 방에 들어가 더니 한참 속삭거린다. 멀뚱하게 지켜보던 나는 아들이 먹다 만 밥그릇을 정리하면서 어떻게 답변을 보내는지 전혀 궁금하지가 않다. 센스 있는 며느리가 꿰차고 어련히 알아서 할까봐서다.

서울 태생인 며느리는 화술에 귀재다. 누구든 며느리의 설득에 안 넘어갈 사람이 없을 만큼 논리가 정연하다. 육하원칙을 대입하면서도 상대방의 기분을 나쁘지 않게 풀어나간다. 큰아들내외가 한동안 삐거덕거렸을 때도 양쪽을 오가며 가교역할을 해서 찰떡같이 붙여 놓았다. 좀처럼 타인을 칭찬할 줄 모르는 큰아들이 그때 진심으로 "어머니, 작은며느리 정말 똑똑하고 대단합니다." 제수를 칭찬했다.

사람 한 명이 도시 전체의 이미지를 바꾸는가 보다. 작은며느리를 보고 난 후부터 서울깍쟁이란 말은 물 건너갔다. 말끝마다 서울에서 태어나고 자란 분들이 양반이라고 누누이 자랑한다. 며느리의 자그마한 체구 어디에 그토록 넓은 도량이 숨어있는지 신통하고 고마울 때가 여러 번이다.

언젠가 며느리가 하소연을 하기에 들어보니 얼굴이 화끈거렸다. 아들의 철없는 짓이 하도 민망해서 "더벅머리 길 들이는 건 몽당치마라고 처음부터 대들어 버릇을 잡으라." 했더니 일언지하에 그런 짓은 안 하겠노라고 부러지게 답했다. 한 번 대들면 그 다음부턴 강도가 세지기 마련이고 결국엔 가정이 깨지기 쉽다고 어른스럽게 말하는 게 아닌가. "어머님, 전 싸워도 절대 친정어머니껜 알리지 않아요, 그러면 엄마도 속상하겠지만 오빠가 처가에 가서 설 자리가 없잖아요." 산전수전 다 겪은 내가 그 말이 고마워 눈물을 찔끔거렸다.

　요즘 젊은 부부들은 초장에 기선제압하려고 서로 우기면서 양보할 줄 모른다고 한다. 결혼한 남자들이 후배들에게 "장가 가봤자 출근할 때 음식물쓰레기 들고 나가기밖에 더하냐고, 결혼의 환상은 깨졌으니 너희들 혼자 살라고 권유한다."는 세상이다. 그런 시대에 며느리는 제 가장을 하늘처럼 떠받들고 산다. 자정까지 업무에 시달려 파김치처럼 숨죽어 오는 게 안쓰럽다며 꼼짝 말고 쉬게 한단다. 설거지와 청소, 음식물쓰레기 버리는 일도 전혀 시키지 않는단다. 이 각박한 세상에 남자의 기를 아내가 세워주지 않으면 어떻게 헤쳐 나가느냐고 한다. 해서 나는 며느리에게 없어서 못 줄 뿐이지 좋은 건 뭐든 주고 싶은 심정이다. 며느리를 보면 한학이 얼마나 소중한지 새삼 깨닫는다. 며느리가 어렸을 적 외가에 가면 외조부님께서 새벽부터 명심보감, 사서삼경, 소학 대학을 읽게 하셨다더니 그 은덕인가 싶어서다.

　집의 완성도는 암돌쩌귀에게 있다. 얕게 박으면 문을 여닫을 때 흔들거리고, 수평이 맞지 않아도 문의 무게를 못 이겨 언젠가는 뽑히고 만다. 정조준해서 수평을 맞춘 뒤 암수 돌쩌귀를 깊숙이 심어야만 문이 조용해진다. 변변찮은 우리 집 문설주에 깊이 뿌리내린 며느리가 보석처럼 마냥 귀하다.

방문객

　겨울바람이 세차게 부는 날엔 찾아오는 손님도 뜸하다. 일요일 오후의 가게 앞거리에선 이따금씩 자동차 달리는 소리만 스쳐갈 뿐, 사람들의 발소리는 들을 수가 없다. 한갓진 가게의 난롯불 앞에서 신문을 읽다가 스르르 졸음이 밀려왔다. 정신을 잃고 단잠에 들려는 찰나에 "계세요?" 하는 남자의 음성이 들려왔다. 혼미한 의식 속에서도 조심스럽게 격을 갖춘 목소리가 고객은 아니구나 싶었다.
　정신을 바짝 차려 상대방을 보니 중년신사 한 분이 빙그레 웃고 있었다. 실로 손님 없는 가게에서 까막까막 조는 여자의 모습은 한심하고 부끄러운 장면이다. 수치스런 모습을 들켜버린 게 속상해서 눈을 내리깔고 서있는데 낯선 남자는 성큼성큼 곁으로 다가와서 "나 알겠나, ○○○." 이름을 듣는 순간, 심장이 뛰기 시작하더니 전신에 긴장감이 몰려왔다. 엉성하게 흐트러진 머릿결을 매만진 뒤 목청을 가다듬어 "아! 어떻게 여기를 아시고⋯⋯."

그는 머리 좋은 수재에 인물마저 훤해서 동기들은 물론이고 선후배들에게 환심을 샀으며, 나 또한 관심이 없진 않았는데 초로의 나이에 수소문해서 나를 찾을 줄은 꿈에도 몰랐다. 40여 년 만에 뜬금없이 나를 찾아와 황당하게 하다니. 선배는 나에게 오기 전에 아마도 자신의 심장을 노크했으리라. 단발머리 소녀 대신 중년이 지난 후배를 만나니 실망하지 말자고 각오를 했을 테지만, 그래도 나는 초라하게 보이고 싶지 않은데 대낮에 졸다가 들킨 꼴이라니. 풀어진 해삼 모양으로 그에게 비쳐서 자존심이 상했다. 무안하고 창피한 와중에도 나는 인생의 정오를 슬쩍 넘긴 선배의 모습에서 그 옛날의 모습을 찾느라 곁눈질을 하고 있었다.

중학교 일학년 겨울방학이었다. 저녁 해거름에 찬장 유리창에 내 모습을 비추며 빗질을 하고 있는데 선배가 큰 가방을 메고 나타났다. 학비 마련을 위해 학용품을 들고 왔다면서 쑥스러운 듯 머리를 긁적거렸다. 그때 싱긋 웃던 그의 얼굴은 복사꽃처럼 붉었고, 나는 부끄러워 도망치듯 방으로 들어가 버렸다. 방에 들어가 조각유리로 선배의 모습을 훔쳐보며 제발 할머니가 많이 사주길 가슴 졸이고 있었다.

선배가 빛나는 명함을 내밀며 악수를 청했고 그 옛날 우리 집에 왔던 얘기를 슬쩍 꺼내기도 했다. 감수성이 예민한 소년 시절의 아픈 추억을 아직도 지우지 못하다니. 나도 기억하고 있다며 맞장구를 치는 게 예의가 아니라서 전혀 기억나지 않는다고 했다. 단지 그때 남달리 당차고 성숙했던 모습은 기억하고 있다고 말해주었다. 선배는 자랑스러운 오늘이 있기에 힘들었던 과거를 스스럼없이 드러내지만, 나는 오히려 현실을 감추고 싶은 심정뿐이었다.

테이블 위에 놓인 찻잔을 두 손으로 감싸며 위축되지 않으려고 애를 썼지만 마음 단속이 어설펐는지 들키고 말았다. 그는 지성의 문턱을 넘을 수 있는 환경을 갖추고도 주저앉아버린 나를 당찬 말투로 후려쳤다. 아버지의 뜻에 고분거리며 의미 없이 날려버린 내 푸른 날을 그가 분개하고 있었다. 남의 일에 분개한 선배의 질타는 내 안에 꾹꾹 눌러둔 응어리 하나를 끌어올려 목울대에 걸쳐 놓았다. 순간 눈물이 핑 돌았다. 여태 나의 잘못된 진로를 분개한 사람은 아무도 없었기에 친오빠처럼 고마워서다. 하지만 내 자존심이 눈물을 얼른 숨겨주었다. 마치 혈육에게 꾸짖듯 흥분하는 선배 앞에서 하마터면 주책없이 울어버릴 뻔했다.

"내가 그때 다른 집 가정교사를 할 게 아니고, 너를 지도했더라면 난 너의 운명을 바꾸어 놓았을 거야."

돌이킬 수 없는 옛날을 수채화처럼 그려보았다. 후끈한 얘기들이 난롯불 열기와 합세를 해서 내 얼굴이 가마에 든 도자기처럼 달아올랐다. 그제야 목에 걸렸던 응어리가 멍울을 삭이며 넘어가는 듯했다. 그가 안타까운 마음에 꾸짖는 말이 상처를 도려내는 치유로 변했다. 꾸짖는 말도 정을 동반하면 상처가 되지 않는다는 걸 알게 했다.

한참의 시간이 흘러 자리를 일어나면서 포켓을 뒤지더니 주례용 장갑을 꺼내 놓았다. 선배가 떠난 빈자리엔 흰 장갑 한 켤레만 남았다. 밖을 내다보니 한산한 거리엔 플라타너스 마른 잎만 굴러다니고 그의 자동차는 없었다. '자신을 탁마하지 못한 못난 후배, 단발머리는 세월에게 빼앗겼을지언정 빳빳했던 자존심마저 눅눅해졌나.' 하며 애꿎은 가속 페달만 힘껏 밟고 돌아갔을 터이다.

섬

 노인이 산책을 나서면 털 복숭이 개 한 마리만 따라나섰다. 산책이라야 탑골 산소를 둘러보는 게 전부였다. 마을 어디를 가도 노인의 벗은 없었다. 간혹 승용차가 들어오면 자식인가 쳐다보다 돌아서기 일쑤였다. 아흔에 드신 노인의 어깨에 외로움만 파도처럼 넘실거렸다.
 이태 전에 수술을 하신 노인은 좀체 구미가 돌지 않았다. 식욕이 떨어지자 귀까지 절벽이어서 대화가 이루어지질 않았다. 목청껏 소리를 질러서 돌아오는 대답은 동문서답이었다. 들리지 않는 노인이나 고함을 질러야 하는 안노인이나 답답하기는 마찬가지였다. 근래엔 안노인마저 게이트볼을 치러 가고 노인의 곁엔 온종일 사람이라곤 얼씬거리지 않았다. 노인은 몸 아픈 사람을 두고 나다닌다고 역정을 내고, 할멈은 이 나이까지 시집을 살리느냐고 주장을 펴셨다. 두 분이 실랑이를 펴면 딱히 할 말이 없어서 틈만 나면 빈자리를 메우려고 노인을 향해 발걸음을 놓곤 했다.

듣지 못하는 당신께 보청기 운운하면 아예 손사래를 치셨다. 윙윙거린다는 핑계지만 실은 애걸복걸 하시자고 권하지도 않았다. 더구나 어릴 때 어머니가 돌아가신 딸은 아버지에 대한 애틋한 정이 별로 없었다. 아들 네 명에겐 전답을 물려주고 그녀에겐 따비밭 한 자락도 물려주지 않는 게 몹시 서운해서다. 스물아홉에 세상을 뜬 아내의 한 점 혈육에게 그렇게 냉정할 수 있을까 해서 친정걸음을 그만두려고 작심도 여러 번 했었다.

언젠가 그녀가 아버지와 단둘이 있는 시간에 딸에게도 상속을 좀 달라고 했더니 일언지하에 "나는 출가외인에게 상속 주는 법은 인정 못한다." 쐐기를 박으셨다.

그럼 아들에게 팔아준 전답은 아깝지 않느냐고 물었더니 "애비가 번 돈을 자식이 좀 쓰면 어떻노." 그런 답이 돌아왔었다. 그런저런 차별대우로 노인께 굳이 보청기 해드릴 마음이 딸에겐 없었다. 그녀의 동생들 역시 상속을 공평하게 받지 못했다고 번갈아가며 투덜댔다. 보청기는 당연히 총애를 받는 맏아들이 해드려야 한다는 눈치였다. 한데 아버지의 귀엔 보청기가 없었다. 당신의 요즘 후회는 "자식 준 그 돈으로 회사를 차렸더라면 떵떵거리고 살긴데."였다.

한파가 기승을 부리던 지난겨울에 오남매는 거위 털 점퍼를 모두 입었지만 노인은 입지 않았다. 20여 년 전 그녀가 짜다 드린 털 스웨터로 숭숭 들어오는 겨울바람을 막아내고 계셨다. 보다 못한 그녀가 깃털 점퍼를 사드렸더니 꽃 피고 새 우는 봄날에도 그 옷만 입고 지내셨다. 청대밭에 바람이 세게 이는 날 밤엔 잠자리에서도 그 옷을 입고 주무시곤 했다. 그녀의 유년을 돌이켜보면 노인으로부터 자상한 말 한마디, 따뜻한 손 한 번 잡혀 본 기억이 나지 않는다. 하지 마라, 안 된다, 나쁜 짓이다, 등등 훈계만이 다 자랄 때까지 이어졌다. 철조망 같은 울타리에 갇혀 언제나 자유를 찾아 훨훨 날고 싶었고, 때론 노인의 굴레를 벗어나고 싶은 게 꿈이기도 했다. 바르게 키우려는 의도였지만 재제가 심하면 정이 떨어진다는 걸 노인은 몰랐다. 하물며 핏줄도 그러한데 타인이야 오죽했을까.

그해 수술을 하신 노인은 병문안 오는 이를 손꼽아 기다리고 계셨다. 구십 성상을 살다보니 벗들은 죄다 돌아가셨지만, 집안 친지들만이라도 많이 올 줄 알았는데 그마저도 뜸했다. 노인은 친척들에게도 간섭이 많았다. 집안 잔치에 장구를 치고 놀면 남사당패냐고 호통을 쳤고, 처녀총각들이 타성바지와 어울리면 눈 맞춘다고 혼을 냈다. 젊은 시절 호랑이 같은 당신이 읍내에 나타나시면 집안청년들이 먼발치에서 모두 달아나곤 했다. 그렇다고 노인이 친척들에게 할 도리를 안 하신 건 아니다. 가난한 조카에게 학자금도 마련해 주었고, 궁핍한 사촌에게는 집터도 내주었고 쌀가마도 나누었으며, 오밤중에라도 급한 환자가 생기면 어떻게 해서라도 읍내 병원에 데려가기도 했다. 하지만 그건 모두 그때뿐이고 꾸짖는 말만 가슴에 남는 게 사람이 아니던가.

노인이 섬이 된 건 청각을 잃은 탓도 있지만 고루한 성품 탓이 더 크다. 서양문물은 모두 싫고 흘러간 조선시대의 관습만 고집하셨다. 그래서 늘 고독했다. 선대로부터 물려 받은 풍습은 아버지를 옭아매는 족쇄이기도 했다. 유산은 천수답 서 마지기를 받았지만 정신적인 유산은 노적가리만큼 받은 분이다. 변해가는 시대풍조를 받아들였더라면 저렇게 소외되진 않았을 텐데. 그녀가 자랄 때도 조선시대 말기의 생활을 고집하다 보니 별나다고 호가 났었다. 보이지 않는 전파가 번개같이 날아다니는 소통만능 시대에 당신만의 틀에서 벗어나지 못하는 노인이 가엾고 딱하기 이를 데 없었다.

섬에 가는 길이다. 파도 소리도 물새 소리도 들을 수 없는 섬을 향하는 길이다. 많은 것을 품었던 개펄도 사라지고, 그 옛날 등대불도 꺼진 지 오래된 섬. 혹여 지나가는 배가 섬에 닿길 기다리다 지쳐 개 한 마리에게 정을 주던 섬. 나는 지금 지하에 계신 선친 곁으로 가는 중이다.

객승

집도 사람이 들지 않으면 외로움을 타는가. 거뭇하게 삭아가는 서까래는 왕거미가 휘휘 줄을 쳤고, 기둥뿌리엔 개미들이 집을 지어 분주하게 드나들었다. 깜깜한 토굴 안은 더더욱 괴괴하다. 고승의 사진이라도 걸려있나 들여다봤더니 유리창에 얼비치는 내 그림자마저 끌어당길 듯해서 얼른 내려와 버렸다. 지난가을 모과를 주우려고 올라갔을 때의 묘관음사 '금모대' 풍경이다.

그렇게 몇 년을 비워둔 토굴에 노스님 한 분이 드셨다. 젊은 날 이 절에서 도인스님을 경호하리만큼 강단 있던 분이라는데 그때의 기골은 간 곳 없고 삭정이 같은 노구를 이끌고 오셨다. 늙어서 좋은 건 호박과 고승뿐이라지만 걸망 하나 달랑 메고 나타나신 품새가 영락없는 걸승이다.

안방에 걸어둔 수묵화 속의 등 굽은 노승을 닮았다. 그간 골 깊은 산사에서 수행을 하시다가 해조음이 그리워 돌아오신 노스님께 연민의 정이 인다. 흔히들 노년을 무르익은 황금빛 깔에 비유하지만 석양에 든 노승은 우울한 잿빛이다. 혈육의 정을 끊고 부처님의 품으로 들어온 스님들은 늙고 쇠락해져도 속가엔 내려가지 못한다. 이절 저절 돌다가 갈 곳 없어 찾아온 객승인가 짐작했다.

눈으로 보이는 게 전부가 아닌가보다. 짐작이지만 큰 실수를 할 뻔했다. 이튿날 아침, 조공을 마치고 스님이 짐을 푼 토굴로 인사차 올라갔더니 쓸쓸한 뜰이 노승의 불경 소리로 가득했다. 오뉴월에 엿가락같이 늘어지는 염불 소리지만 가냘프게 울어대는 휘파람새와 청승맞은 산비둘기 소리, 온갖 새들이 돌아온 노승을 반기는 듯 관중도 지휘자도 없는 적막한 산사에 음악회가 열리나 착각했다. 우리는 그곳에 초대받은 객이 되어 멍하니 서 있었다. 그러다가 용기를 내어

"스님, 저희들 인사드리러 왔어요. 방으로 드시지요."

했더니 낡은 옷깃을 여미며 "마 여기서 편하게 봐유." 하신다. 법랍을 보나 세수를 보나 일배를 받아도 어색하지 않겠건만 느릿한 충청도 말씨로 사양을 하신다. 공양주와 시자를 거느리고 제후처럼 사는 스님에 비하면 소탈함이 넘쳐 겸손의 극치다. 뜰 가운데 서서 인사를 드리자 우리보다 더 깊이 허리를 굽히신다. 무언의 가르침인가. 뻣뻣한 내 자세가 황당하고

송구스럽다. 하지만 무안함은 순간이고 보기 드문 스님의 귀한 법문에 울컥 욕심이 솟는다. 평생을 수좌스님으로 지냈던 분이라 더더욱 기대가 큰데 웬걸, 승복주머니에서 한 움큼 지폐를 꺼내시는 게 아닌가. 용채를 드려야 할 우리가 용돈 받을 처지인가. 민망하기 짝이 없다.

"나 돈 많어, 천만 원이나 있어. 스님이 주는 돈은 복전이여, 주지스님과 총무스님도 좋응께 받어. 괜찮어."

머뭇머뭇 셋이서 받은 돈이 제법 많은 액수라 온몸에 진땀이 난다.

"난 은사를 잘 만나서 바로 배웠어. 돈은 아껴 쓰고, 만약에 돈이 생기면 나눠서 가지고, 부처님 법대로 살다가 때가 되면 가볍게 훨훨 가라고 하셨어."

대숲에 이는 바람 소리가 이처럼 가벼울까. 담박하지만 무거운 교훈이다. 태어날 때부터 세상을 다 쥘 듯 옴켜쥔 주먹 안의 욕심을 죄다 버리고 은사스님의 말씀대로 사시는가 보다. 깡마른 스님의 체구를 이제야 알겠다. 적게 먹는 소식에, 오후 불식에, 더더구나 50년간 육식이라곤 하지 않았다니 뼈 장작처럼 마를 수밖에. 그런 스님을 맞이해서인지 마당가운데 우뚝 선 소사나무도 바람에 잎을 털어내느라 쉴 새 없이 흔들어댄다.

불자들은 맑은 스님을 만나 뵙는 게 간절한 바람이다. 숨은 도인이 오셨다는 걸 어찌 알았는지 친견하고 싶다는 보살들이 찾아와 줄을 선다. 애시 당초에 사람을 올려 보내지 말라고 못을 박은 스님께 허락을 받아내기란 여간 힘든 일이 아니다. 대중공양 들어온 과일을 가지고 올라갔을 때도 이미 대나무 두 개로 바리게이트가 쳐져 있었다. 새벽에 분홍 보자기로 싼 찬합을 들고 와서 점심공양까지 챙겨 가시면 하루 종일 스님의 얼굴은 뵐 수가 없다. 선방스님들이 죽비를 치고 정진하시는 동안, 노스님은 토굴에 홀로 앉아 화두에만 몰입하신다. 그런 스님께 친견은 마장이란 생각이 들어 여러 번 거절했는데, 원주실에서 물러나지 않는 신도 때문에 어쩔 수 없이 토굴로 올라갔다.

"보살, 나 말이야 이 절에서 오래 살고 싶으니 도와줘야 혀. 신도들이 날 자꾸 찾으면 난 또다시 다른 절로 떠나야 혀. 무슨 말인지 알것지."

이제야 정신이 번쩍 든다. 사람 만나는 게 진정 싫은 줄 알았더니 그게 아니다. 객승과 주승 간에 지켜야 할 뭔가가 있다는 걸 감지했다. 신도들이 법당에 그득히 앉는 초하룻날도 그랬다. 주지스님께서 법문 하시라고 법상 위에 모셨더니 산부처처럼 침묵만 지키다가 내려오셨다는 걸 들어서 안다.

'말 없는 법문' 때문에 신도들의 궁금증은 더더욱 술렁댔지만 객승의 겸손이라 짐작했다. 주승이 훌륭하게 보이려면 배경인물은 흐릿하고 작게 비쳐야 된다는 걸 수행하신 고승이 모를 리가 없다.

스님이 유일하게 승과 속을 넘나드는 건 일간지 신문이다. 거기서도 속세의 진풍경이 펼쳐지는 첫 면에서 시간을 많이 할애하신다. 논쟁이 빼곡한 그 바닥은 보면 볼수록 속세와 멀어지고 싶은 지면일 터이다. 그래서인지 면벽을 하고 내공을 다지는 것 외에는 모든 것이 헛것이라는 지론을 펼칠 때면 청춘을 다 사원 승가의 길이 촌치도 후회 없어 보인다.

  굽은 등 너머로 佛 자가 훤하다.

옴쌀

 장정이 떡메로 안반 위에 놓인 지에밥을 슬슬 뭉갠다. 처음부터 메로 치면 낱알이 튀기에 으르고 달래는 과정이다. 그다음부터 차츰 강도를 높여 몇 번 휘두르면 웬만한 밥알은 형체도 없이 뭉개진다. 모진 매를 맞은 끝에 고들고들한 고두밥의 형체는 찾아볼 수 없고 물렁한 찰떡으로 변해 간다. 미처 못다 뭉개진 밥알들은 지레 겁을 먹고 장정이 시키는 대로 하겠으니 제발 더 이상 치지 말라고, 빨리 고물로 상처를 덮어 달라고 애원하는 듯하다. 마치 검열과 고문에 항복한 친일파 문인들처럼.
 친일파 문인들은 일본의 식민지에서 벗어나려고 몇 번의 항쟁을 했으나 견디지 못하고 항복했다. 〈징병 적령기의 아들을 둔 조선의 어머니들에게〉, 〈스무 살 된 벗에게〉, 〈오장 마쓰이

송가〉, 〈조선의 학도여〉 등을 쓰며 일본군에 자청해서 입대하라고 권유했다. 아마도 서슬 퍼런 일본의 칼날에 조선이 살아날 수 없다고 예측하고 일본의 편이 되었을 테다.

하지만 인절미에 섞인 옴쌀은 그렇지 않다. 꼬장꼬장하게 머리를 바짝 들고 장정의 떡메에 뭉개질 수 없다며 끝까지 대항한다. 견디다 못해 뭉개진 지에밥 속에 숨어서도 밥알의 형체를 온전히 지키는 옴쌀은 지조 높은 독립투사다. 그분들은 상고 때부터 내려온 배달민족을 그리 쉽게 보느냐며, 결코 너희들의 식민지가 되지 않겠다는 강인한 의지를 보여 주었다. 거꾸로 매달아 고춧가루 물을 코에 들이 붓고, 모진 매질과 전기 고문을 하고, 손톱을 뽑고, 손가락 사이에 각목을 끼워 비틀어도 항복하지 않았다. 옴쌀 같은 문인들은 그 와중에도 〈빼앗긴 들에도 봄은 오는가〉, 〈서시〉, 〈광야〉, 〈쉽게 쓰인 시〉 등의 저항시를 써서 민족의 가슴에 애국혼의 불씨를 당겨 주었다.

오들오들한 옴쌀의 정신을 지닌 애국지사들이 중국 상해와 충칭과 만주 등지에서 독립운동을 하고 임시정부를 만들어 나라를 다시 찾았다. 내 나라를 내가 찾겠다는 결사적인 투쟁정신을 보여 주었기에 세계의 반장인 미국이 히로시마에 폭탄을 터뜨려 일본제국의 항복을 받아냈다. 일본에 징집되어 간 조선민족들은 고국으로 돌아오는 대한해협에서 〈귀국선〉을 목이 터져라 불렀다.

"돌아오네, 돌아오네, 고향산천 찾아서, 얼마나 그렸던가 무궁화 꽃을, 얼마나 외쳤던가 태극 깃발을~"

그 시절 선친께서도 대동아전쟁에 강제로 징집 당하셨다. 고향 면에서 제일 건장한 청년 두 명을 뽑는데 그 알량한 조건에 걸려들었단다. 그들은 홀어머니의 무매독자를 자기 나라 전쟁터에 데려가면서도 뒤돌아본다고 불호령을 치는 몰염치한 들이었다. 선친은 전투 작전에 여러 차례 투입되었다가 죽을 고비를 수차례 넘긴 뒤 구사일생으로 살아오신 운 좋은 분이다. 남의 나라의 전쟁에 목숨을 걸고 참전하신 억울한 심정이야 어찌 말로 다할까.

미군이 히로시마에 폭탄을 떨어뜨렸을 때 선친이 속한 부대원들은 방공호 속에 숨었으나 폭탄가스를 마시고 모두 죽었다. 하나 선친께선 사흘 간 죽었다가 다시 살아나신 옴쌀이셨다. 폭탄이 떨어진 삼사 일 후, 일본사람들이 방공호 안에 널브러진 시체를 치우러 들어갔고, 죽은 시체들을 지근지근 밟고 다니는데 마침 아버지의 어깨가 움찔거려서 병원으로 이송되셨다. 아마도 아버지는 '남의 나라 전쟁에 강제로 끌려온 것도 분한데 죽음마저 타국에서 당할 수 없다.'고 젖 먹던 힘까지 동원하여 이승으로 돌아왔으리라. 영육이 뭉개지지 않고 생을 다시 시작한 옴쌀 같은 아버지로 인해 내가 이 세상에 태어난 것이다. 아버지도 떡메로 치면 뭉개지는 지에밥으로 보였지만 가슴 깊은 곳엔 강인한 옴쌀의 유전자가 숨어있었던가 싶다.
 아마도 뭉개지지 않는 옴쌀은 우리나라 토종 볍씨가 아닐까. 상고시대부터 내려온 배달민족이 그 볍씨를 먹고 옴쌀의 정신을 길렀기에 금수강산인 우리나라를 다시 찾았다.

돌아갈 수 없어 다행이다

 고흐의 그림 〈밀 짚단〉을 보고 있다. 알곡이 오달지게 붙은 밀 짚단 세 개를 한데 묶어 빈들에 세운 그림이다. 세계적인 명작 〈밀 짚단〉을 감상하는데 왠지 내 눈엔 고단한 내력만 어른거린다.
 밀알은 많은 종자를 얻기 위해 제 한 몸 썩히는 것쯤이야 아무것도 아니란 듯 견뎠으리라. 서릿발 세운 겨울 밭에서 시린 발을 동동거리며 잔뿌리를 키웠고, 봄비를 흠뻑 들이켜며 양분을 잣아 올렸을 테다. 빈 대궁으로 바람에 휘청거리면서도 알곡만은 토실하게 영글기 위해 무진 애를 썼을 터이다. 나는 지금 그림 앞에서 옹골찬 밀단을 탈곡기에 들이대는 작업을 상상한다. 순식간에 알곡은 떨어지고 빈 짚단만 남는다. 내 허리마저 쭉 펴지는 느낌이다.

몇 년 전, 큰아들이 결혼해서 분가를 하자 지인들에게서 허전하지 않느냐고 심심찮게 전화가 왔다. 그럴 때마다 서슴없이 "속이 시원하다. 훨훨 날아갈 듯하다."고 명쾌하게 답을 했더니 "좀 맥 빠진 목소리로 말 할 수 없나? 아들이 들으면 서운하겠다."고 질책을 했다. 그들은 혼기를 넘긴 서른 중반의 아들을 한 집에서 보는 게 얼마나 힘든 일인지 모르는 성싶다. 난들 삼십 년 넘게 한 솥밥 먹고 지낸 아들의 빈자리가 왜 허전하지 않을까. 텅 빈 아들 방을 하릴없이 들락거리며 남겨둔 옷가지에서 체취를 맡기도 하고, 해가 저물면 퇴근하는 발걸음을 공연히 기다리기도 한다. 혹한에 강변을 걸으며 마른 나무 우듬지 위에 얹힌 까치집을 쳐다보며 아들 집도 저처럼 추울까 괜한 걱정도 한다.

　하나 짝을 만나 제 둥지로 날아갈 때가 되면 보내야 마음이 편하다. 책임과 의무를 훌훌 벗어버린 어깨가 이렇게 홀가분할 수 없다. 움츠렸던 내 어깻죽지가 펴지는 느낌이다. 이젠 어딜 가도 걸림 없이 떠날 수 있다. 불의의 교통사고를 당하거나 심장마비로 이 세상을 떠난다 해도 눈 감고 갈 수 있어서 좋다.

　친구들과 차를 마시면서 딱히 할 말이 없으면 이런 말을 내뱉곤 한다.

　"누가 나에게 마술을 걸어 젊은 날로 돌려보내 준다고 하면 절대 응하지 않겠다."

잠재의식 속에 가득 채워진 편안함이 발설기관을 통해서 스스럼없이 나오곤 한다. 빈 대궁 같은 몸으로 자식을 키워내는 게 버거웠다. 바람결에 휘청거리면서도 뿌리만은 뽑히지 않으려 애를 썼고, 체관을 통해 이삭을 살찌우면서도 쭉정이가 될까봐 걱정했다. 아이들이 자라면서 귀여운 짓도 많이 했지만, 사춘기를 거치면서 제 고집을 피워 속도 많이 끓였다. 나 또한 젊은 날은 생각이 깊지 못해 실수가 많았고 체험 없이 부딪쳐 상처도 많이 받았다. 학기마다 등록금과 하숙비 보내려면 허리가 휘청했고 혹시 나쁜 길로 들까봐 마음 놓을 수 없었다. 돌이켜보니 그런 게 쌓여 푸른 시절로 돌아가기 싫은가 싶다.

이젠 훌훌 털어버린 빈 짚단도 돌아가야 할 준비 기간이다. 열매를 맺고 수확하느라 정신없이 살다가 그냥 훌쩍 떠나기엔 조금 아쉽다. 혹사만 시키다 생을 마무리 하는 건 자신에게 미안하다. 만추는 풍요로우면서 한가하다. 이젠 휑한 들판에서 마른 풀잎 써걱대는 소리에 가슴 베어도 쓰라림이 덜하다. 홍시 빛 노을 흥건한 저녁하늘 바라보며 색조의 배합에 감탄하고, 끼룩끼룩 날아다니는 철새들의 자유를 부러워하며, 추적추적 겨울비 내리는 날엔 나목들의 시린 가지를 가슴으로 보듬는 여유가 있다. 물비늘 거칠게 이는 강물에서 헤엄치는 청둥오리를 보면 공짜 밥은 없다는 걸 늦게나마 깨닫기도 한다. 온전한 내 심장을 가동시키며 사는 것이다.

곰팡내 나도록 묵혀둔 본연의 정서를 꺼내어 거풍을 시키는데, 어느 날 아들이 찾아와 어머니는 무슨 재미로 사느냐고 물어왔다. 우울증이라도 생길까봐 걱정이 되는 모양이다. 그 말을 얼른 받아 "내 걱정하지 마라. 너희들 갈무리하고 나니 날아갈 듯 홀가분하다. 나이 듦이 이렇게 좋은 줄 알았더라면 세월을 앞당길 걸 잘못했다."고 했더니 그 말이 신기한지 눈을 크게 뜨고 어미를 바라본다. 이해가 안 되는 눈치다.

나는 되레 갈 길 아득한 젊은이들이 안쓰럽다. 비싼 아파트 대출금 갚아야 하고 경쟁 치열한 직장에서 남보다 월등한 이윤 창출을 내야 하고, 금싸라기 같은 자녀 키우고 무거운 교육비 감당해야 한다. 그리고 국민연금 고갈 운운하는 불안한 보장제도 때문에 노후준비까지 스스로 해야 하니 우리보다 훨씬 고달파 보인다. 젊은이들이 황막한 사막에서 모래바람 마시며 걸어가는 나그네들 같다. 나 빈 짚단은 결코 푸른 계절로 돌아가지 않겠다. 돌아갈 수 없어서 다행이다.

큰물 지던 날

 황톳물은 어렸을 적 나에게 두려움의 대상이었다. 집 앞으로 넓은 들판이 펼쳐져 있고 그 위로 저수지 하나가 있어서 아버지는 큰비만 오면 못 둑이 터질까 걱정이셨다. 지금도 홍수가 지는 여름이면 둑 위로 넘실거리는 큰물에 강아지와 돼지들이 휩쓸려가는 모습들이 되살아난다.

 냇가 외딴집에서 자라던 내가 고작 여덟 살 때 사라호 태풍이 왔다. 밤새 쏟아지던 큰비는 아침이 되어도 그치질 않아 들판이 온통 물바다로 변해버렸다. 아버지가 늘 염려하시던 못 둑이 터졌다고 했다. 항상 당당하시던 아버지가 허둥대며 공포에 떨었고, 그 모습을 본 나는 무서워 안방으로 숨어들었다. 이내 일가친척들이 웅성웅성 우리 집으로 모여들었고 아버지와 집안 어른들은 모두 둑에 막아서서 큰기침을 했다.

"으흠 으흠 으흠"

그 헛기침 소리는 거대하게 밀려오는 물의 세력을 연약한 인간의 훈김으로 막아보려는 처절한 항전이었다. 강한 물리침을 뜻하는 그 기침은 옛 선조들의 전례를 따라 할머니가 시킨 것이다. 그러나 용틀임을 치며 밀려드는 물굽이는 인간의 의지를 조롱하듯 마침내 우리 집을 삼키려 했다. 어머니와 집안 숙모들은 동생을 업고 허겁지겁 가재도구를 뒤뜰로 치우기에 바빴고, 아버지는 집안아저씨께 소 두 마리를 대피시켜달라고 부탁하면서 나도 따라가라고 강한 어조로 말씀하셨다. 억수같이 쏟아지는 비를 맞고 아제의 뒤를 따르던 나는 집과 가족을 물속에 잠겨두고 홀로 떠나는 피난민 같아서 서럽게 울었다.

"아제요 내만 가면 어짜능교."

그러나 나를 안심시켜 주는 대답은 들리지 않고, 그냥 소고삐만 묵묵히 잡고 가시는 아제의 구부정한 뒷모습이 무심하기만 했다. 비에 젖은 새 새끼 모양을 하고 큰집엘 갔더니 초등학교 상급생이던 언니와 오빠만 있었고 어른들은 이미 우리 집으로 가신 뒤였다. 젖은 옷을 입고 마루 끝에 걸터앉아 마구간에 메어있는 우리 소를 보니 더욱 눈물이 났다. 큰집 소의 텃세에 눌려 구석에 웅크리고 있는 게 측은해서 울었다. 큰집 언니는 훌쩍거리는 나를 어떻게 달랠까 고민하는 듯하더니 부엌에서 물 한 공기를 담아 와서는 이것 먹고 울지 말라고 했다.

그건 밀개떡을 찔 때 넣던 사카린 물이었다. 달작지근한 물이 입안을 적실 땐 울음을 참아야지 했지만 마당에 퍼붓는 세찬 빗줄기를 보자 또 눈물이 났다. 또다시 언니는 부엌으로 들어갔고 이번엔 쇠젓가락을 불에 달구어 와서 머리를 볶아주마고 했다. 퍼붓는 빗소리에 마음 붙일 곳은 언니뿐이었다. 예쁘게 해준다는 말에 머리를 맡기고 있으니, 코에선 노린내가 나고 귓전에선 열기가 후끈했다. 조금 뒤 언니가 손거울을 보여주며 예쁘다고 치켜 올려주었지만 그 말도 귓전으로 들렸다.

오후가 되어서야 비가 그쳤고 집으로 오라는 기별을 받았다. 가슴 콩닥거리며 뛰어오는 동안 제발 무사하기를 바랐으나 뒷담을 뭉개고 만든 임시 통로가 긴박했던 상황을 말해주고 있었다. 집 앞 둑은 형체도 없고 마당도 반쯤 떠내려간 집이 썰물에 실려 간 갯벌 같았다. 들에서 밀려온 찌꺼기가 마당가에 수북했고 담 사이에 심어진 감나무는 뿌리를 드러낸 채 비스듬히 기울고 있었다. 마루 밑에 숨어있던 털복숭이 강아지들만 축담에서 오글대며 집안에 활기를 불어 넣고 있었다. 그런 상황에서 곱슬머리를 하고 나타난 게 미안했으나 아버지는 내 볶은 머리쯤은 보이지도 않는지 아무런 반응이 없었다. 마당이 떠내려갈 때 아버지의 가슴도 무너져 내렸을 터인데, 그때 나는 미용실 손님 흉내를 내고 앉아 잠깐 집을 잊고 있었다.

아버지는 연출가였다. 더 큰 수해가 아니어서 다행이라며

힘찬 목소리로 가족들을 안심시키자, 이내 부엌에선 저녁연기가 모락모락 피어오르고, 소죽솥에서도 피난 갔던 가축을 먹이려고 구수한 김이 뭉글뭉글 처마 끝으로 퍼져 나왔다. 그렇게 용틀임을 치던 황톳물의 기세도 그날 밤은 한풀 꺾여 긴장 속에 있던 우리 가족들은 곤한 잠에 빠져들 수 있었다.

얼마 뒤 아버지는 일꾼을 데리고 다시는 무너지지 않을 석축을 쌓아 올렸고, 나는 아버지의 그림자를 밟고 냇가 모래밭에서 소꿉놀이를 하며 유년의 시간을 보내곤 했다. 아버지는 내 생에 가장 큰 그늘이었다. 얼마 전 부산에도 지진의 여파가 있었다. 설거지를 하는데 싱크대가 흔들거리고 거실에 놓인 화분이 휘청거리고 있었다. 일순 어디에도 기댈 곳이 없어지자 문득 큰물 지던 날의 아버지 기상이 그리웠다. 그때의 아버지 자리에 지금 내가 서 있지만 나는 아이들에게 그런 힘이 되질 못한다. 다만 아직도 든든한 아버지의 가슴에 기대고 싶을 뿐이다.

오십여 년 전에 쌓아 올린 석축은 지금도 당당하게 버티고 있다. 그 둑에 심어진 개나리넝쿨은 흐드러지게 피어나건만 아버지는 지하에 계신다.

A형과 B형의 조합調合

- 등장인물 -

AB형: 큰아들, 작은며느리

A형: 아이들 아버지, 큰며느리, 작은아들

B형: 나

 우리 가족들의 혈액형은 온통 A형과 B형의 조합이다. 여기서 제일 물러 터진 게 B형이고 제일 강한 사람들이 A형들이다. 나는 애시 당초에 시시콜콜 따지는 A형 남자에게 두 손 두 발 다 들고 항복한 사람이다. 하지만 지난 설 멸절에 속칭 천재 아니면 바보라는 AB형들이 A형들에게 굽실거리는 꼴을 보고 은근히 부아가 치밀었다. 역시 B형의 핏방울이 섞이면 나처럼 약자로 전락하나? 싶어 AB형들에게 마음이 기울어졌다. 꼼꼼한 A형들의 눈을 피해 "너거 두 사람은 헛 똑똑이 들이다."라고 쿡 쥐어박듯 핀잔을 줬다.

　AB형인 큰아들과 작은며느리는 평소에 처세하는 것과 말하는 걸 들어보면 꽤 똑똑한 편이다. 어디에 내놓아도 지고 살 것 같지 않다. 반면에 A형인 작은아들과 큰며느리는 말수가 적고 내성적이라 은근이 동정심을 불러일으키곤 한다. 한데 이번 명절에 두 아들 내외가 우리 집에 와서 며칠 지내는 풍경을 보니 얌전한 A형들이 AB형들을 단단히 잡고 있었다. 똑똑하다는 AB형들의 콧대는 어디 팔아먹고 훈련된 조교처럼 쉬지 않고 움직이는 가엾은 꼴이라니.

　덩치 큰 맏아들과 자그마한 둘째 며느리는 밥을 먹다가도 아이들이 화장실 가자면 번개같이 일어나서 뒤처리를 했다. 종일 뛰어놀던 아이들을 씻겨 재우는 일도 AB형들이 맡아서 했다. 반면 A형인 큰며느리와 작은아들은 평소에 길들인 배우자들을 부려 먹으며 쾌재를 부르는 듯했다. 아이들이 화장실을 가든 말든 밥 먹을 것 다 먹고 뜸을 드린 후에야 빈 그릇을 들고 어슬렁거리며 부엌으로 향했다. 설거지를 하는 척하다가 "제가 할게요" 하면 못 이긴 척 물러나 주는 게 A형 가족의 모습이다.

　제 남편 시키지 않는 작은며느리나, 제 안사람 앉혀 두는 큰아들이나 둘 모두에겐 마음이 여리다는 공통점이 있다. 옴니암니 다투어도 먼저 말을 건네는 쪽이 후한 사람들이다. 자존심이 없어서가 아니라 살얼음판 같은 집안 분위기가 싫어서 먼저 풀어지는 그 점을 이용해서 길들인 성싶다.

AB형 두 사람은 A형과 만나 몇 년 부딪히다 보니 모서리가 날아갔는지 파도에 부대낀 몽돌처럼 둥글하게 변해 가고 있다. 몇 번 겨누다 가정의 평화가 깨질 위기를 경험하고 아예 체념했나 보다. '육신이야 고달파도 심장 상하는 것보다 낫지 않는가.' 차라리 내가 하는 게 속 편하다는 주의다.

저녁을 먹은 후 어릴 때처럼 심부름 잘하던 작은아들인 줄 알고 감주 좀 가져오라 했더니, 긴 허리를 낙타처럼 쭈—욱 펴고 일어나는데 거짓말 좀 보태서 10분쯤 걸렸다. 날렵하지 못한 굼뜬 행동에 가족 모두가 배꼽을 잡았는데, 나를 무릎 꿇게 한 A형 장본인까지 하회탈 같은 웃음을 멈추지 못하는 게 아닌가. 아마도 자신의 유전자를 너무 닮았다는 승부욕 때문에 눈물을 흘리며 웃는 듯했다.

A형 아들은 마음을 내면 후벼 파고 씻는 성향을 지녔다. 지난 추석엔 욕조 실리콘에 낀 곰팡이를 지우겠다고 팔을 걷어 올렸다. 건강 제일주의자로 소문난 아들이 독한 락스 냄새를 맡으며 장장 한 시간 솔질을 해서 새하얗게 만들어 놓았다. 어찌나 깨끗하던지 욕실에 누워 자고 싶은 생각이 들게 했다. 한데 또 강아지 목욕까지 시킨다고 한다. 등에 피부병으로 앉은 딱지를 불려서 떼겠다는 것이다. 꼼꼼한 손에 부스럼 난 강아지를 맡기는 게 염려되었지만 설마하고 두었더니 족히 한

시간은 걸리는 듯했다. 참다못해 욕실 문을 열었더니 딱지가 저절로 일어날 때까지 시간을 끌고 있단다. 세심한 A형 아들 덕택에 강아지의 털빛이 윤이 나고 포슬포슬해져서 고맙긴 했다.

A형 큰며느리 역시 우유병도 꼼꼼히 씻고 식기도 반짝반짝 윤이 나게 씻어야 직성이 풀린다. 어쩌다 가보면 장난감 왕국 같은 집인데도 정리가 잘되어있고 향기가 솔솔 난다. 양파를 썰어도 가지런히 담아야 하고, 제수를 담아도 각을 맞춰 반듯하게 담아내곤 한다. 이삿짐센터 아주머니가 애기 키우는 엄마가 이처럼 깨끗하게 하는 집이 없다며 칭찬할 땐 듣기 좋았다. 한데 팔척장신에 한 성질 하는 큰아들을 잡고 산다는 게 믿기지 않는다. 고요한 그 모습 어디에 내 아들 휘어잡는 카리스마가 숨어있는지 놀라운 일이다. 꼼꼼해야 휘어잡나? 나도 닮아볼까 싶다.

우리 가족 A형들은 차돌맹이 재질이고, AB형들은 그보다 무른 화강암이고, B형은 손만 대면 깨지는 푸석돌이다. 제아무리 강한 돌도 세월에는 못 이긴다. 차돌도 풍화작용으로 둥근 돌이 되겠지만, 그날을 기다리는 것이 백년하청이니 그것이 문제다.

 2부

술꾼의 아내
끝을 누르는 꽃
일본에서 온 편지
봉식이
크레파스
큰외숙모
옻나무, 일어서다
이장
개목사를 찾아서
배롱나무

술꾼의 아내

 술꾼의 아내는 전생에 탈옥수다. 지은 죗값을 못다 치르고 이승의 담을 넘어왔기에 그런 수모와 고통을 당하며 지낸다. 사람이 술을 마실 땐 낭만과 풍류를 겸비하지만 술이 사람을 마시는 변괴가 시작되면 괴상망측한 행동을 서슴없이 한다. 엇박자로 걷는 구두 발걸음 소리는 기본이고 애창곡 소리에 온 동네 개들이 짖어대 이웃의 단잠을 깨우는 것부터 시작한다.
 술꾼 아내의 속은 태평양 바다만큼 평수가 넓어야 한다. 평소에 쌓인 꼬투리를 확대경으로 비추며 시비를 걸어오기 때문이다. 그날 입었던 와이셔츠 단추가 달랑거렸다면 반드시 저녁엔 시빗거리가 되고 너덜너덜한 허리띠 하나라도 버리고나면 10년간 취객의 입 반찬으로 곱씹어진다. 술꾼의 아내는 항상 빠듯하게 살아야 한다. 월급의 우선권이 주모에게 있어 먼저 챙기고 남는 돈이 생활비로 전해지기 때문이다. 한심한 액수다. 주대 지불의 신용 등급은 일등급이다. 그래서 필히 안사람이 부업을 해야만 고깃국이라도 한두 번 먹을 수 있고 아이들 입성이라도 남의 눈에 빠지지 않게 입힐 수 있다. 술값으론 돈을 펑펑 쓰지만 가재도구 하나라도 바꾸려면 언제 그랬냐는 듯이 구두쇠로 변해버린다.

술꾼의 아내는 가긍스럽다. 격일제건 사흘을 건너뛰건 술 마신 날 밤은 활극을 보다 달빛에 젖은 마음을 말리며 잠들어야 한다. 또 잠귀도 밝아야 한다. 꿈결에라도 비 오는 소리가 들리면 번개같이 일어나야 한다. 그 소리는 밤새 마신 술이 배설기관을 타고 흘러내리는 소리다. 그 장소는 다섯 칸 서랍장일 수도 있고 아이들 머리통일 수도 있다. 한 번씩 낭패를 본 아이들은 잠자리에 들기 전 방문을 철통같이 잠그고야 잠이 든다. 화장실인 양 착각하고 아무 곳이나 시원스레 쏟아내는 날 밤은 아내의 한숨소리가 해녀의 숨비소리만큼 깊어진다.

밤중에라도 다양한 객을 접대할 수 있는 교양이 없다면 술꾼아내가 못 된다. 동네 선술집에서 만난 방위병부터 시내 고급 술집에서 만난 고위직인사까지 서슴없이 모셔와 술상을 주문한다. 그럴 때 인상을 찌푸리면 봉변을 보기 십상이기에 미소를 머금고 희극의 주인공처럼 연극을 한다. 억지웃음을 흘리며 계란말이라도 한 접시 구워내 주모 노릇을 해준다. 술판이 서서히 익어가고 순식간에 직위고하가 무너진 공간 옆에서 웅크리고 앉아 새벽을 맞는다. 주로 하는 얘기의 소재는 군대 시절이고, 들어보면 용맹하지 않는 사람이 없다. 뱀 잡아먹은 이야기에서부터 간첩 잡은 이야기까지 소설을 쓰듯 부풀리고 있다. 용호동 해안초소에서 방위병으로 야간 보초를 섰을망정 전방에서 철책근무를 하고 온 양 기세등등하다.

술꾼의 이웃도 결코 인덕이 많은 사람은 아니다. 돈 들이지 않고 밤마다 연극을 보는 것 외는 별로 덕 볼 게 없다. 택시기사를 집 앞에 데려와 아내에게서 얻은 돈으로 차비를 주면서 "열중 쉬엇 차렷" 호령을 붙이며 "해군 중위 이 중위"라고 뻥을 치고 훈련을 시키질 않나, 이런저런 일들로 술꾼의 아내는 항상 고개를 들 수 없고 땅만 보고 다닌다. 우물물은 마를 수 있어도 술꾼 아내의 지갑은 바닥나면 안 된다. 빈손으로 택시를 타고와도 초인종만 누르면 돈이 나온다고 생각하는 버릇 때문이다. 그래서 콩나물국 한 냄비를 끓이지 않더라도 잘난 주객의 택시비는 마련되어야 밤중에 수모를 당하지 않는다. 그뿐인가. 해장국도 잘 끓일 수 있어야 한다. 술에 절여진 속이 부글거리는 오후 네 시쯤이면 반드시 술국 주문 전화가 온다. 복국, 추어탕, 선짓국, 닭백숙, 콩나물국 등 다양한 국을 끓여낼 수 있는 요리의 대가라야 술꾼 아내의 명함을 달 수 있다.

술꾼의 아내는 거짓말의 명수다. 술이 깨지 않아서 출근을 못하는 날은 꼭 아내를 시켜 직장에 허위연락을 하게 만든다. 그나마 남아 있는 신용은 대리인 아내의 말뿐이다. 변명할 소재가 바닥이 나면 주위의 어른들이 모두 임시로 돌아가셔야 한다. 사흘돌이 초상이 낫다 하지만 그래도 핑계대상에서 제외되는 건 아이들이다. 술꾼 아내가 가장 하기 싫은 배역이 거짓증인이다. 부부의 연은 지독한 것이어서 부창부수가 되지 않으면 살아 날 수가 없다. 술꾼 아내가 밤중에 받는 전화는 거의 가슴 뛰는 소식이다. 다쳐서 병원에 오라는 긴급요청이고, 술값으로 시비가 붙어 급전을 요구하는 전갈이다. 담력이 크지 못하면 중도탈락자가 되어 아내의 자리에서 밀려나고 만다. 술꾼 아내는 고달프다 못해 곶감처럼 배틀배틀 말라비틀어진다. 여자로 태어난 것을 절절히 후회하는 슬픈 운명의 주인공이다.

 한 가지 분명한 것은 술꾼도 가슴은 따듯하다는 것이다. 가끔은 자신의 죄를 뉘우치고 사죄를 한다. '내 다시 그놈의 술 먹는가 봐라.' 그런 날은 회사의 구내매점에서 재고품 T셔츠 한 장이라도 사다 줄 때가 있다. 천지에 내 남편이 아니면 누가 이거라도 사들고 오겠는가.

끝을 누르는 꽃

 후미진 곳도 버려진 땅도 개의치 않는다. 잡초들 틈에라도 심어만 주면 꿈을 이루리라. 내가 피우는 것은 사랑 받기 위한 꽃이 아니다. 아름다운 이 땅에 끝까지 종족을 지켜내기 위한 모성의 꽃이다. 푸른 날의 영화를 보기보다 끝까지 살아남아야 할 무거운 소망을 품은 꽃. 고운 꽃이라 인정받지 못해도 좋으니 제발 측은한 눈길일랑 거두어 주었으면….
 산비탈이나 밭두렁에서 수더분하게 피어나는 호박꽃을 보면 그런 이야기가 조잘조잘 흘러나올 것만 같다. 기름진 밭에 심기지 않아도 보름달 같은 열매를 덩실덩실 맺는 걸 보면 궁핍 속에서도 많은 자식을 길러내던 우리들 어버이를 연상케 한다. 매혹적인 향기 대신 정결한 어머니의 살 냄새를 풍기는 호박꽃은 사랑스런 꽃이다. 폭염 속에서도 열매를 위한 염원만 가득해서 넙죽한 잎들에게 자양분을 잣아 올리라고 다그치는 듯하다. 그러나 잎들의 광합성작용은 열매보다는 꽃을 위하는 듯, 짙푸른 엽록소를 만들어 외모에 자신 없는 꽃송이를 받들기에 여념이 없다. 잎은 꽃을 위해 헌신하고 꽃은 열매를 위해 정열을 소진하며 사는 희생의 피조물이다.

후덥지근한 열대야를 지새우고 새벽길을 나서면 이슬을 물고 방글거리는 호박꽃이 피어있다. 마치 동백기름 바른 친정어머니의 모습이다. 때로는 수건을 쓰고 밭이랑에 엎드린 할머니처럼 푸근하고 믿음직스럽다.

아름다움은 꽃과 여자에게 통용되는 만고불변의 법칙이다. 그래서 색스럽고 매력적이지 못해 눈길 한번 제대로 못 받는 호박꽃을 보면 왠지 측은해진다. 모름지기 꽃이라면 **예뻐야** 한다는 가치 기준이 바뀌지 않는 한 못난 꽃이란 대명사는 변하지 않는다. 그래도 호박꽃은 자신의 외모를 탓하지 않는다. 운명을 탓하기보다 스스로 개척하고 만들어가는 여장부의 모습이다. 자연세계는 공평하고 순수하여 벌 나비들은 못생긴 호박꽃을 구박하지 않는다. 오히려 깊고 달콤한 향기에 **빠져** 들면 긴긴 여름날 해 지는 줄 모른다. 가진 것 몽땅 주어도 아까워하지 않는 호박꽃의 자비심은 주렁주렁 탐스런 열매가 되어 쏟아진다.

프로메테우스가 하늘에서 훔쳐왔다는 불씨의 색깔, 황색을 선호하는 그는 꽃이라기보다는 세상을 밝히는 한 촉의 촛불인가 싶다. 철부지적 기억 속에 잠긴 호박꽃을 건져 올리면 늘 아련한 초롱불로 떠오른다. 벌이 앉은 호박꽃을 두 손에 움켜잡고 초롱불 밝혀 달라 떼를 쓰던 유년의 기억도 새록새록 피어난다. 나는 가끔 호박꽃에서 불을 찾았으니. 화신火神이 화신花神으로 착각하며 피는 꽃인가. 그래서 꽃 중에도 성스러운 선각화로 여긴다. 신이 꽃과 열매를 두고 한 가지만 택하라고 했을 때 열매를 택한 지혜로운 꽃. 사람의 눈을 즐겁게 현혹하기보다 피와 살이 되고자 하는 자비의 화신이다.

호박꽃은 우리나라가 원산지가 아니다. 머나먼 남미에서 이주해온 이민가의 후손이다. 비록 토종은 아니지만 슬기롭게도 성공하는 조건·운·둔·근 세 박자를 모두 갖춘 식물이다. 기름진 이 땅에 이주한 것이 '운'이고 매혹적이지 못해 관심 밖이지만 그로 인해 꺾이는 화를 면할 수 있는 것도 복이다. 그깟 인기에 연연하지 않고 초연하게 피어나는 꽃. 어리석게도 넝쿨이 휘어지게 무겁게 살지만 그 성실함으로 인류의 사랑을 받는 게 아닐까.

자식이 곧 힘이요. 종족보존이라는 지혜를 터득한 꽃, 제 아무리 예쁜 장미도 화무십일홍인데, 호박꽃은 계절의 끝자락에도 열매를 맺어 가을 담장에 희망을 얹는다. 곧 부지런함이란 '근'에 속하니 넝쿨이 마를 때까지 생을 포기하지 않는 근면성에 나는 박수를 보낸다.

제 한 몸 가꾸기에 안달이던 꽃들은 찬바람이 불면 곧 허물어지지만 호박은 바싹 마른 꼬투리에 고추잠자리 앉혀놓고 희롱하는 여유가 있다. 못생긴 꽃이라고 타박 받던 푸른 날을 황금빛 자손을 주렁주렁 거느리고 보상 받는다. 감히 누가 그를 함부로 무시하겠는가. 찬바람 부는 엄동이 오면 금빛 찬란한 열매들은 안방 장식장에 복을 불러들이는 신주단지로 격상한다.

 가끔은 머나 먼 마추픽추의 하늘빛이 생각날까. 안데스산자락의 소달구지 덜컹거리던 석양 길이 그립기도 하겠다. 그러나 등 붙이고 뿌리 내려 살다보면 고향이 따로 없다. 이민가의 후손이지만 열매로 끝을 누르는 호박꽃을 좋아한다.

일본에서 온 편지

 여고를 마치고 시골집에 묻혀 있을 때였다. 아버지의 뜻에 꿈을 접은 나는 친구들이 보내주는 편지만이 희망이었다. 그날도 친구의 편지를 기다리면서 대문 앞에 나가니 뜻밖에 항공편지가 기다리고 있었다.

 봉투에는 낯선 남자의 이름이 한자로 쓰여 있었다. 시골에 묻힌 나를 어떻게 알고 편지를 보냈을까? 궁금하면서 손이 떨렸다. "여기는 낯설고 물 선 이국땅 일본입니다."로 시작된 편지는 서두부터 심상치 않았다. 달필에 한자가 반이나 섞여 있어서 가슴이 설렜다. 친척 조카의 졸업앨범을 보다가 두 갈래로 묶은 머리가 청순해 보여서 편지를 보내노라고 했다. P제철 회사에 근무하는데 일본연수 중이라 해서 건실한 청년일 것 같았다. 그땐 하찮은 편지들이 흔하게 날아왔기에 읽지도 않고 아궁이 속으로 던져졌지만 그 편지만은 태우기가 아까웠다. 글벗으로 친해지고 싶다는 구절에 내 마음이 기울고 있었지만 주고받는 편지가 아버지께 들키면 불호령이 떨어질까 봐 며칠을 망설였다.

얌전한 척 억눌려있던 나는 기어코 아버지의 눈길을 피해 답신을 보냈다. 첫 글이니만큼 예의를 갖춘 인사 정도의 글을 일본으로 보냈더니 숨 가쁘게 답장이 날아왔다. 그때부터 배달부의 발길은 바빠졌고 우편료도 만만치 않았다. 싸락눈이 울섶을 다독이는 겨울이 되자 그의 글은 외로움을 듬뿍 싣고 날아들었다. 플라타너스 잎이 포도 위를 뒹구는 것을 보니 고독이 엄습해 온다는 사연에 나 또한 대숲에 이는 바람 소리에도 그리움은 깊어져갔다. 그렇게 감성의 골이 깊어지다가도 아버지를 떠올리면 정신이 번쩍 들곤 했다.

아버지는 유교사상이 뿌리 깊게 내린 분이라 칠십 년도 초에 조선시대 말기의 생활풍습을 답습시키셨다. 딸자식은 가사일과 예의범절을 익혀 출가하는 것만이 최선의 길이라고 생각하고 머리는 길러서 묶어야 했고 옷은 긴 치마만이 허용되었다. 과년한 딸아이가 종아리를 드러내는 짧은 치마와 엉덩이 선이 드러나는 바지 입는 꼴은 용납을 못하셨다. 나의 행동반경은 집안대소가와 냇가 빨래터였고, 하는 일은 가족을 위한 밥상 준비와 집에 찾아오시는 손님을 대접하는 일이었다. 집안제사가 들면 제수음식을 도우러 다녔으며 빨래에 풀을 먹여

뻣뻣하게 다림질하는 일이었다. 그렇게 조신하게 딸을 가르친 다고 자부하셨지만 나는 엉뚱하게도 어느 청년과 연서를 주고 받으며 밀담을 나누고 있었다. 출입이 잦으신 아버지와 우편 배달부가 마주칠 확률은 다분히 많았다. 길에서 한집 식구를 보면 무조건 우편물을 전해주기에 그런 불운이 오지 않기를 간절히 바랐지만 편지는 어느 날 아버지의 손에 전해졌다.

상문을 다녀오신 아버지의 안색이 평소와 달랐다. 나만이 느낄 수 있는 예리한 기운이 전신을 타고 흘렀다. 하늘을 날아 오던 편지가 아버지의 손에 잡혔구나 싶었다. 사랑방으로 불 려가니 이미 방안은 담배 연기가 자욱했다. 법관 앞에 죄인처 럼 어깨를 움츠리고 앉자 야단맞을 두려움에 손발이 오그라들 었다. 어머니는 사랑채의 일꾼들이 딸의 행실을 알면 망신살 이 **뻗친**다며 제발 큰 소리는 내지 마라고 당부를 했다. 연거푸 피우던 담뱃불을 끄더니 호주머니에서 편지를 꺼내 놓으시는 게 아닌가. 상상외로 너무 부드럽고 나지막한 음성으로 물었 다.

"이기 무슨 편지고?"

너무나 놀라운 이변이었다. 도저히 상상할 수 없는 아버지 를 보며 얼었던 내 마음이 사르르 녹아내렸다. 석고대죄라도 할 자세였던 내 어깨가 한결 가벼웠다. 남자를 고르는 내 안목 이 이만하면 수준급인가. 우쭐한 마음에 아버지의 눈치를 살 폈다. 꽉 다문 입가에 엷은 미소가 번져서 공연히 지레 겁을 먹었구나 싶었다. 편지에 실린 진솔한 마음과 유려한 문체가 아버지의 마음을 사로잡은 듯해서 안도의 숨을 내쉬었다. 사태가 다분히 희망적이어서 내용을 슬쩍 훑어보았더니 귀국하게 되었으니 첫 만남을 약속하자는 내용이었다. 두근거리는 가슴을 진정시키고 있는데 갑자기 아버지께서

"글을 보니 사람은 괜찮아 보인다. 내가 먼저 만나봐야겠다."

마치 당신을 만나자는 듯이 당당하게 선포하셨다. 모든 일을 뜻대로 하시는 아버지는 나를 고삐 풀린 망아지마냥 풀어둘 리 없었다. 그때는 전화가 없었기에 나 대신 아버지가 나간다고 알릴 수도 없었다. 은밀한 만남을 기대하던 청년은 근엄하고 고집스런 어른이 나타나 취조하듯 면접을 봤으니 얼마나 황당했을까. 아침부터 중절모를 쓰고 두루마기를 휘날리며 그 청년을 만나려고 서두르는 아버지를 보며 내 마음은 술 단지처럼 괘올랐다. 당혹스러울 장면을 생각하니 민망하기도 하고, 편지 하나 제대로 간수 못한 나를 얼마나 원망했을지 미안하기도 했다.

어둑한 밤이 되어도 아버지는 돌아오지 않았다. 어느 술집에서 입맛 쓴 술잔을 기울이는지 나를 불안하게 만들었다. 가랑잎 구르는 소리에도 촉각을 곤두세우며 아버지를 기다렸으나 시곗바늘이 자정에 이르러서야 술기운이 거나하신 당신의 발 소리가 들려왔다. 다소곳이 아버지의 기분을 지켜보니 희

망적인 기운이라곤 실오라기만큼도 보이지 않았다.

"목숨을 끊을 만큼 절절하다면 보내 주겠다. 대신 나는 그때부터 두문불출한다."

나를 쏘아보는 아버지의 눈빛이 질식할 것 같았다. 상황을 모르는 그분은 여러 장의 글을 다시 보내왔으나 단호한 아버지의 엄포 때문에 나는 답신을 보내지 못했다. 기다리다 지친 그가 중매인을 거듭 보내왔지만 아버지는 말없이 발걸음을 돌려세웠다. 일면식도 없는 그 사람 생각은 갈수록 진한 그리움으로 피어올라 배달부의 그림자만 봐도 헛물을 켜고 기다렸다. 그 옛날 서라벌의 영지에서 무영탑 그림자를 기다리던 슬픔이 무엇인지 어렴풋이 알 것도 같았다.

이제 훌쩍 세월이 흘러 아픔도 미련도 사라졌다. 우로와 풍상에 생긴 진물이 마르지 않을 때마다 성큼성큼 그가 다가오더니 요즘은 그 생각마저 희미하다. 그토록 매정하게 막아서던 선친도 저승으로 가셨는데 한 번쯤 마주앉아 옛일을 사죄하고 싶다. 그리고 고맙다고 말해주고 싶다. 이미 갈 길은 다르지만 젊은 날 가슴 떨리는 추억마저 없었다면 석양길이 얼마나 삭막하겠는가.

가끔은 궁금하다. 그는 지금 어느 하늘 아래서 나처럼 늙어가고 있을까.

봉식이

 장대 끝에 짐을 매달고 황산을 오르는 짐꾼들의 어깨가 상처투성이다. 짐 한 뭉치를 들어 주려고 했더니 균형이 맞지 않으면 더 힘들다고 사양하기에 마음을 접고 올라갔다.
 깡마른 체구에 땀을 뻘뻘 흘리며 무거운 짐을 옮겨주는 짐꾼을 보면서 해묵은 기억 속의 한 사람이 떠오른다. 오래된 서랍장을 열면 훅 밀려오는 곰팡이 냄새 같은 옛 기억 속에 봉식이라는 아이가 있다. 그의 부모님은 경주 양남의 벽촌에서 입 하나라도 덜어 보자고 어린 봉식이를 우리 집에 보냈다. 나보다 두세 살 위였는데 몸이 재발라 큰머슴의 잡일을 곧잘 도왔다. 꼴을 베고 자그마한 지게에 들밥을 져다 나르는 등 집안의 잔일을 도맡아 했다. 어쩌다 잘못한 일로 어른들의 꾸지람을 들을 때면 검실한 눈만 껌뻑거리다 곧 앙금을 털어버리는 착한 아이였다. 그럴 때면 배수 잘되는 파슬한 감자밭을 떠올리게 했다.

여름 방학이 끝나고 개학하는 날이면 학교에서는 퇴비 모으기에 동참하라는 뜻으로 풀을 한 단씩 가져오게 했다. 아버지는 딸아이가 풀단을 이고 가는 게 못마땅해서 봉식이에게 시켰는데 그는 속없이 좋아했다. 봉식이가 새벽이슬에 바짓단을 적시며 풀을 베고 있을 때 나는 교복을 다림질하며 등교 준비에 바빴다. 단발머리에 교복치마를 팔랑거리며 대문을 나서면 그는 풀단을 지고 나의 뒤를 따랐다. 주인 집 딸의 과제물이나 짐져주는 자신을 슬퍼하는 눈빛은 보이지 않고 그냥 현실에 만족하는 표정만 내 눈에 비쳤다.

가을날 학교를 파하고 타작마당에 들어서면 큰머슴들은 탈곡기를 밟고 봉식이는 등짝에 옷을 달라 붙인 채 볏단을 옮기고 있었다. 덤덤하게 대하는 나를 바쁜 중에도 별당아씨처럼 맞이해 주었지만 풀풀 먼지 날리는 타작마당은 나하고 상관없다는 듯 방에 들어앉아 숙제하기에 여념이 없었다.

밤이면 무논의 개구리 소리가 들판을 뒤흔들다 내 방까지 밀려들었다. 포플러나무가 줄지은 신작로를 왕복 십리나 걸어 다닌 탓에 책상 앞에 앉으면 잠이 쏟아졌다. 찬물에 발을 담그며 졸음과의 전쟁이 시작될 때 봉식이는 아래채에서 하모니카를 불고 있었다. 고향에 두고 온 부모형제가 그리운지 〈고향 땅〉을 구슬프게 불어서 공부에 집중해야 될 마음을 산란하게 흔들어 놓곤 했다. 부모 곁을 떠나 꼴머슴으로 온 봉식이가 가엽기도 했다. 그렇게 몇 년 지나다가 내가 여고생일 때 그는 도회지로 일자리를 찾아 떠나갔다.

몇 년 전, 40년 전의 그가 뜬금없이 나를 찾아왔다. 옛날 주인집인 친정에 인사차 갔다가 내 소식을 물었던 모양이다. 선원생활을 해서 살림이 윤택해졌는지 번지르르한 양복을 입고 부인까지 데리고 우리 가게에 들어섰다. 그는 반가운 마음에 인사를 청했지만 나는 황당하고 자존심이 상했다. 옛날 주인집 딸이라고 받들어 주던 봉식이 앞에 도시의 한 귀퉁이에서 장사를 하고 있는 내 모습이 너무 창피하고 속상했다. 그는 오히려 내 초라한 모습에서 상대적인 만족을 느꼈는지도 모른다. 아마 '나도 이제 남부럽잖게 살고 있다.'는 걸 보여주고 싶어서 가족까지 데리고 온 것 같았다.

사람의 마음은 참 아리송하다. 황산의 짐꾼을 보고 봉식이의 모습을 끌어내더니 막상 그가 내 앞에 서니 씁쓸해진 기분이라니. 인생은 엎치락뒤치락 그렇게 흘러가는가보다.

크레파스

 네 살배기 손녀에게 크레파스를 사주었더니 손뼉을 치며 좋아한다. 고사리 같은 손으로 뚜껑을 열더니 "나는 핑크색을 좋아해요." 하며 복사꽃 색을 집어 들고 인어공주 그림에 색을 입힌다.

 조금 전까지만 해도 텔레비전 앞에서 〈상어 가족〉 노래를 부르며 춤을 추던 아이가 오색찬란한 빛깔에 홀려 차분하게 그림공부에 빠져들었다. 예쁘게 색을 입히느라 콧등에 땀방울이 송송 맺힌 어린것에게 "도희야, 엄마에게도 크레파스를 한 개 드리렴." 했더니 서슴없이 연두색을 집어 준다. 이번엔 "아빠에게도 드려야지." 했더니 망설이지 않고 연하늘색을 건네준다. 동생에게도 주라고 했더니 샛노란 크레파스를 뽑아 손에 쥐어 준다.

어린것이 제마다 어울리는 색깔을 선택하는 게 신기하다. 이참에 손녀의 눈에 비치는 나의 색은 무엇일까 궁금해 하고 있는데, 나의 내심을 알아차린 아들이 "할머니는 무슨 색깔을 드리면 좋을까?" 물으니 나를 빤히 쳐다보며 카키색을 집어 건네준다. 아니 이럴 수가! 카키색은 진한 황록이 섞인 다갈색이다. 어둑 칙칙한 카키색이 나의 빛깔이라니! 어린아이에게 보이는 나의 색이 이렇게 탁하다니. 우울해지는 기분을 노련하게 숨기면서 말과 뜻이 다른 인사를 건넨다.

"고마워."

그럼 제 할아버지의 색깔은 무엇으로 선택할까. '나보다 더 밝은 색을 선택하기만 해봐라.' 벼르면서 "할아버지겐 무슨 색을 드리고 싶니?" 물었더니 "지금 여기에 안 계시잖아요." 하면서 선택을 피한다. 그래도 계신다 치고 색깔을 뽑으라 하니 얼른 짙은 국방색을 집어 준다. 순간 어른 세 명이 폭소를 터뜨렸다. 황록에 짙은 풀물을 섞은 녹갈색이 할아버지의 이미지 색인 것이다. 동심으로 보는 연륜의 색이 어쩜 그렇게도 적확한지 놀라우면서도 한편 쓸쓸하다.

손녀는 제가 좋아하는 가족에겐 예쁘고 밝은 색을 주고 싶었을 테고, 간간이 만나는 할미와 할아버지에겐 제가 제일 싫어하는 칙칙하고 어두운 색을 집었으리라. 참으로 가식 없는 순수한 표현이다. 하얀 눈밭처럼 맑은 마음에 흙먼지와 잡티가 날아들지 않았으면 오죽 좋을까.

누구든 유년엔 눈처럼 맑고 순수하다. 나이가 들면서 혼탁한 세상의 바람과 공기와 물을 마시면서 변질되어 간다. 상대방의 기분을 맞추기 위해 마음에 없는 말도 해야 하고, 싫어도 괜찮다고 해야 살기가 편하다. 차츰 흰색이 탁해지고 중립을 지키기 위해 회색으로 변하다가 회오리바람에 흙먼지를 몇 번 덮어 쓰면 이것도 저것도 아닌 카키색 내지는 국방색이 되는 것이다.

 어느 분이 이야기 끝에 산부인과에 가면 도인이 많다고 했다. 그게 무슨 말이냐고 했더니 방금 태어난 신생아들은 호불호도 없고 분별심도 없으니 그게 바로 도인이 아니냐고 해서 한바탕 웃은 적이 있다.

 모든 사람은 도인으로 출발해서 세상의 바다에 풍덩 뛰어드는 순간 서서히 속인으로 변해간다. 상어 떼가 몰려오는 정보를 주고받으며 살아남기 위해 손을 잡고 끝없이 헤엄을 쳐야 한다.

 손녀도 처음엔 도인이었는데 네 살쯤 되니 좋아하는 사람과 색깔을 구별하게 되었다. 그러나 아직은 솔직하게 표현할 줄 아는데 차츰 싫어도 좋은 척, 좋아도 아닌 척 속 마음을 감추면서 살게 될 테다. 지금의 밝고 맑은 색은 사라지고 이상야릇한 파스텔 색으로 변하게 될 것이다. 원색을 지니고 싶어도 세상이 그렇게 만들어 준다.

 손녀가 열 살쯤 되었을 때 나에게 집어 주는 색은 또 다른 색으로 변할 터이다. 더 칙칙한 짙은 색이 어울리겠지만 할미 눈치 보느라고 보라색을 건네며 어울린다고 할지 모른다. 그때도 나는 속마음을 감추며 고맙다고 할 것이다.

큰외숙모

 구름에 묻혔던 햇살이 눈부시게 쏟아지는 날이다. 집안의 눅눅한 습기를 밀어내려고 창문을 열었더니 화초들이 생글거리며 반긴다. 안방 앞에 놓아둔 투박한 장독도 내 손길을 기다리기는 마찬가지다. 한동안 손길을 주지 않았던 가장자리를 닦아내고 속을 저었더니 곰삭은 된장냄새가 코를 푹 찌른다. 짭조름한 이 토장은 지난봄에 외숙모가 주신 선물이다.
 개망초가 하얗게 피던 늦은 봄날, 기억마저 아련한 외숙모의 음성이 전화선을 타고 날아왔다. "이 서방네야, 니를 봐야겠는데 언제 한번 올라노?" 이십여 년 전 외조부의 초상 때 뵙고는 처음이지만 예나 지금이나 자분자분하시기는 마찬가지다. 살붙이도 아닌 생질녀를 찾으시는 저의가 고마워서 만사를 제쳐두고 길을 나섰다.

풀잎마저 새들새들 숨을 죽이는 한낮에 서낭나무 아래서 정물처럼 기다리고 계신 외숙모는 어쩜 그리도 옛 모습 그대로일까. 한 올 흘러내리지 않은 낭자머리며 황태같이 마른 몸피에 빳빳하게 푸새한 옷이 빛바랜 흑백사진을 보는 듯하다. 차라리 그 흔한 파마머리라도 하셨더라면 이렇게 연민에 찬 눈빛을 보내진 않을 텐데 변함없는 외양이 괜히 서러웠다.

깡마른 손에 이끌려 뉘 집 아래채로 들어서자 장마 끝에 습기를 가시려고 연탄불을 피웠으니 아랫목으로 앉으라신다. 장정 두어 명이 누우면 알맞은 방에 어릿한 연탄 냄새까지 끼어들어 숨이 턱 막히는데 함지박을 내 앞으로 내밀면서 생질녀 대접할 겸 쑥단자를 했노라고 하신다. 형편이 넉넉한 이들도 쓴 커피 한 잔에 과일이나 한 접시 내놓는데, 이 형편에 무슨 떡까지 하셨는지 송구스럽다.

어렸을 적, 어머니를 따라 외가에 가면 작은외삼촌 댁에 머물러야 했다. 큰외숙모는 도회지의 골목에 외등이 켜질 무렵이면 고달픈 몸을 이끌고 돌아오셨다. 그때도 외숙모의 방에서는 연탄 냄새가 났다. 맏집 구실을 할 수 없는 살림살이는 갈 때마다 늘품 없어 보였지만 외사촌 언니만은 포플린 원피스를 입고 투실하게 자라고 있었다. 반들거리는 양은냄비 몇 개만 판자벽에서 달랑거릴 뿐, 별다른 살림살이도 없는 부엌에서 설탕에 버무린 토마토를 내주시던 손길이 어제인 듯 살아난다. 있으면 먹고 없으면 굶어야 하던 형편에도 외손 대접을 하시던

정 많던 외숙모셨다.

내 여린 기억에도 외숙모는 가슴 아린 부인네로 박혀있는데, 하물며 한국전쟁의 소용돌이 속에 같이 휩쓸리다가 운 좋게 살아계신 아버지 마음은 결코 편할 수 없었던가 보다. 부러진 날갯죽지로 어린 딸을 품고 있는 모성애는 애연하다 못해 거룩하게 보인다. 그래서 처질녀라도 건강하게 커 주길 바라면서 사물탕을 한 재 지어 어머니 편에 보내드렸던 모양이다. 그건 아버지의 최소한의 양심이었겠지만 외숙모에겐 잊을 수 없는 배풂이었던가 보다. 외숙모는 그걸 지금까지 빚 장부에서 지우지 않고 갚으려 하셨던가 보다. 봄 햇살 가득한 장독대 앞에서

"내가 너거 아버지에게 빚이 있다. 그 사물탕 한 재가 어찌나 고맙던지 나도 이 서방네한테 된장이라도 한 번 담아 주고 싶었니라."

황금빛 된장을 꾹꾹 눌러 담아 주시는 게 아닌가. 평생을 살아도 당신 이름으로 문패 한번 달지 못하는 처지에 까마득한 옛날의 한약 한 재가 무슨 빚이라고 된장을 담아 두고 나를 불렀을까. 친 생질을 두고도 아버지 전처 딸인 나에게 갚아야만 온전히 갚는다고 생각하신 마음이 대쪽같이 곧아 보인다.

외숙모는 너무 청광하셔서 흠이다. 사위가 수차례 모시러 왔어도 줄줄이 낳은 외손녀 세 명에 당신까지 보태면 안식구가 다섯이라고 극구 사양하셨단다. 이제 팔순이 넘은 연세에 딸

네 집으로 들어가셔도 좋을 터이다. 아들 없는 허전한 품에 떡두꺼비 같은 외손자라도 안겨드렸으면 좋으련만. 삼신할멈은 그것마저 외면해버려서 안빈낙도 삼아 친정 근처로 들어가셨단다. 거기서 남의 땅을 얻어 묵정밭 일구는 재미로 살아가신다. 아니 밭을 일구는 게 아니라 세월을 일구는 것이다. 다져진 밭이랑에 앉아 미움은 훌훌 털고, 살가움은 품어 안고 먼 길 떠날 채비를 하시는가 싶다. 그런 외숙모를 그려보면 한 점 외로운 섬으로 떠오른다. 아니 수없이 밀려오는 물살을 가르며 자신을 지켜온 바위섬으로 남는다.

옻나무, 일어서다

 내 몸이 가벼워 날 것 같습니다. 이제 나도 창공을 향해 숨 한번 크게 내쉬어 봅니다. 짓눌렸던 혈관이 열리고 굽었던 허리가 쭈~욱 펴집니다. 수년 간 나를 짓누르고 있던 고사목둥치에서 벗어날 줄은 꿈에도 몰랐습니다. 평생 누운 채 불구로 살아갈 줄 알았는데 이 무슨 기적입니까.
 산들바람 부는 가을엔 만산홍엽을 채우는 일등공신도 될 수 있고, 날씬한 몸매로 밤하늘에 달과 별을 사모해도 부끄럽지 않을 것 같습니다. 나만큼 가을 산을 선홍빛으로 물들이는 나무도 흔치 않습니다. 이젠 추적추적 비가 내려도 몸이 썩을 염려가 없습니다. 수직으로 선 몸이야 젖은들 걱정이며 잎에 묻은 빗방울쯤이야 툴툴 털면 되지요. 옥엽 같은 이파리 달고 의연하게 견딜 수 있습니다.

나는 사람들이 싫어하는 옻나무입니다. 오래전, 썩은 소나무 둥치가 태풍에 쓰러지면서 나를 덮쳤습니다. 하루아침에 육중한 고사목에 깔린 채 고난의 세월을 보내야 했습니다. 사람만이 나를 구할 수 있기에 인기척만 나면 구조요청을 보냈지만 번번이 외면하더군요. 교감이 생겨야만 나를 구해줄 텐데 그런 사람이 없었습니다. 간혹 안타깝게 보는 이가 있었지만 옻이 오를까봐 못 본 척했습니다.

내 운명이 이렇게 풀리게 된 건 우연이 아닙니다. 해가 뜨려면 여명이 비치듯, 모든 일에는 조짐이 보이는 게지요. 약 한 달 전부터 혼자서 등산을 오기 시작한 아주머니를 보자 왠지 나를 살려 줄 것 같은 예감이 들었습니다. 원래 혼자 다니는 사람은 사물이 눈에 들어온다잖아요. 조용조용 다니기에 더욱 기대를 했지요. 지성이면 감천이라고 아주머니의 마음에 안기길 애타게 기도했습니다.

그러나 운동을 하지 않던 사람이 갑자기 새벽등반을 하는 건 무리였던지 나 같은 건 안중에도 없었습니다. 제 몸 가누기도 힘든 사람이 사물을 살필 여유가 어디 있겠습니까. 하루는 땀을 척척 흘리면서 올라오더니 심장에 과부하가 걸렸는지 나무 밑에 스르르 주저앉더군요. 잠깐이지만 인사불성이었습니다. 하마터면 저승으로 갈 뻔했는데, 아니 내 옆에서 하루 정도 싸늘히 굳어 갈 뻔 했는데 의지력이 강한 건지 못 다 한 일이 많아서인지 정신을 차리더군요. 그리고는 하산할 줄 알았는데 또 다시 정상을 향하는 걸 보며 참 억척스럽다고 생각했습니다. 나도 그런 끈기로 지내다 보면 좋은 일이 있을 것만 같았습니다.

산들바람이 일기 시작하는 시월로 접어들자 산을 타는 아주머니의 기력도 제법 좋아졌습니다. 단숨에 정상까지 오르기도 하고 어떤 날은 두 번씩 오르내리는 여유도 보이더군요. 그제야 나무 밑에서 봉긋하게 돋는 버섯도 살피고 군데군데 썩어가는 고사목을 치워야 한다고 중얼거리고 다니더군요.

내 운명이 거듭나던 날 아침은 유난히도 날씨가 쾌청했습니다. 청설모 한 마리가 상수리나무에 올라가 조찬 준비에 분주하던 참이었습니다. 고것들이 후드득 떨어뜨리는 열매를 보다가 짓눌린 나에게 시선이 꽂힐 줄이야! 찌~ 르~ 르~ 온몸에 전율이 흘렀습니다. 뜨거운 눈빛이 닿는 순간 '이제야 살았구나.' 안도의 숨결이 터져 나왔습니다. 나를 사람처럼 보아주는 찰나였습니다. 내가 소나무인지 옻나무인지 분별도 하지 않고 허겁지겁 고사목을 들어내느라 애를 쓰더군요. 가지 하나도 다칠까봐 조심조심 다루며 그 지긋지긋한 형틀을 벗겨 주더군요. 그리고는 휘어진 허리가 펴지기를 애타게 바라보고 있었습니다. 한참 뒤에야 내가 옻나무인 걸 알고는 잠시 놀란 듯하더니 그냥 대수롭잖게 넘어가주었습니다. 설마 좋은 일 했는데 괴롭히겠느냐는 눈치였습니다. 예민한 사람은 내 곁을 스치기만 해도 알레르기 반응을 보이지만 덤벙덤벙한 사람에겐 진액을 묻히지 않는 한 가려움을 주지는 않습니다.

그 이후부터 나와 아주머니는 안 보면 못 견딜 사이가 되었습니다. 그 전에는 아랫길로 다니기도 했지만 이젠 꼭 이 길로만 다닙니다. 날마다 내 허리가 펴진 각도를 살피며 관심을 보여서 얼마나 살맛이 나는지요. 관심은 생명을 소생시키는 명약이더군요. 산 정상을 넘으면 여러 가지 운동기구들이 있는 모양입니다. 뱃살을 빼느라 윗몸일으키기와 훌라후프를 수없이 돌린 뒤 터벅터벅 내려오는 모습을 볼 때면 물 한 잔 내밀고 싶지만 그럴 수 없는 내 처지가 미안할 따름입니다.

아주머니는 약수터에서 목을 축인 뒤 환담을 나누는 노인들을 뒤로한 채 홀로 집을 향합니다. 사람이 싫어서가 아니고 글감을 찾으려고 혼자 다니는 듯합니다. 울타리를 덮은 넉넉한 호박넝쿨에 눈길을 주다가 풋호박에 침을 삼키기도 하고, 조각보처럼 펼쳐진 채마밭을 넘으며 넋을 놓기도 합니다. 하지만 분묘이장을 한 공터를 지나칠 때면 저만치 에둘러 가더군요. 망자의 혼백이 머물던 자리에서 깊은 글감이 낚일 법도 한데 음습하고 미천한 곳에서 대어가 낚인다는 걸 아직은 모르는 듯합니다. 아직은 졸졸 흘러내리는 개울물에서 빨래하고 싶어 하는 아낙으로만 보입니다. 아무튼 글을 쓰는 사람으로 인해 불구를 면하게 된 나는 문인이라면 무조건 좋은 느낌을 가질 겁니다. 모든 사물을 사람처럼 의인화 시켜 보려는 마음 때문이지요. 그런 마음을 가지면 사물을 함부로 다룰 수 없는

데, 그건 바로 자연을 보전 시키는 길이 되거든요. 자연을 아끼는 마음이면 사람은 더더욱 귀하게 여길 터, 그러고 보면 글을 쓰는 사람이 많을수록 사회가 따뜻해지겠다는 생각도 해봅니다. 과학이 편리를 추구한다면 문학은 인간다움을 추구하는 것이지요. 요즘 아주머니의 작은 바람은 내가 불구를 면하고 다른 나무들과 어울려 밝게 커가는 모습을 보는 것입니다.

숲 속에 동살이 잡힙니다. 잠이 깬 박새 한 마리가 내 가지에 날아와 꽁지깃을 까불댑니다. 누워있을 땐 얼씬도 않더니 어느새 몸을 앉히는군요. 이젠 나도 제구실을 할 수 있어 존재의 가치를 느낍니다. 진정 행복합니다.

이장移葬

 할머니의 산소는 탑골 밭 끝자락에 있었다. 젊은 날 돌아가신 할아버지 곁을 한사코 마다하고 그곳에 묻어 달라 하셨다. 그건 청상을 만들고 가신 할아버지에 대한 원망과 오기였지만 한 맺힌 유언이었다. 건너편 산자락에 조부의 유택이 빤히 보여서 기분이 풀리는 날은 손짓이라도 할 것 같은 거리다.
 한동안 잔디가 살지 않아 민둥하던 봉분도 이젠 파릇파릇하고 곱게 단장하려고 심어둔 배롱나무도 주저리주저리 꽃을 피워 탐스러웠다. 더더구나 대지가 축축이 비에 젖는 날이면 지하에 묻힌 할머니 때문에 안절부절못하던 나도 근래엔 좀 무심해졌는데, 측량이 잘못되어 산소를 옮긴다니 마음이 심란하다.

그날은 새벽부터 가을비가 부슬부슬 내렸지만 개장은 서둘러졌다. 천막 아래로 평토제상이 차려지고 백발의 아버지를 따라 치맛주름이 닳도록 업어 키운 손자들이 서열대로 잔을 치고 절을 올렸다. 긴 세월 동안 땅 밑에 묻힌 조모의 유해를 만나려는 심정은 다급했다. 장정 몇 명이 삽질을 시작하자 할머니를 꾹꾹 누르고 있던 다져진 흙들이 훌훌 일어났다. 나는 사람이 죽으면 수십 리 땅 밑에 묻히는 줄 알았다. 구만리나 멀리 계시는 줄 알았더니 무덤에 엎드려 목청껏 부르면 들릴 것 같은 깊이에 계셨다.

무덤이 속을 다 드러낼 즘에 선친께서 동생들에게 삽을 받아들라 하셨다. 혈육의 손으로 옮겨진 삽이 조심조심 흙을 걷어내자 20여 년간 묻혔던 목곽이 조금씩 드러났고, 암갈색으로 썩어가는 곽이 아직도 원형을 버티고 있었다. 조모의 하관을 지켜보다 목이 쉬도록 울며 쓰다듬었던 그 곽을 다시 만날 줄이야! 아침부터 두근거리던 심장은 널을 뛰듯 했고 다리도 후들거렸다. 나는 온몸의 촉각을 곤두세워 오랜 수면에 빠진 할머니의 잔상을 기대하며 다가섰는데, 젊은 올케들은 비 맞은 병아리처럼 바들바들 떨며 저만치 물러서고 있었다.

기대는 한순간에 무너졌다. 행여 할머니의 생전 흔적이나마 만날까 실낱같은 기대를 했더니 곽을 들어 올리는 순간, 물이 추르르 흘렀다. 슬픔을 참을 수 없어 울먹거리던 울음이 터져 나왔다. 남의 땅이라서 썩은 물도 버리지 못했을까? 꿈에라도 묘소를 옮겨 달라 하시지. 왜 이리 참고 계셨느냐고 원망이 쏟아졌다.

할머니는 젖먹이 때 엄마 잃은 나를 지성으로 키워주신 분이다. 산 밑 외딴집에 겨울이 오면 문풍지는 왜 그리 청승스레 울던지. 대숲에 깃든 부엉이와 올빼미의 야성은 또 얼마나 으스스하던지. 그런 밤이면 할머니는 반드시 창호지문에 헌 담요를 치고서 고전얘기를 풀어내셨다. 역적으로 몰려 달아나는 ≪유충열전≫과 ≪조웅전≫을 아슬아슬하게 풀어냈으며, 서출이란 이유로 출셋길을 접고 그늘에서 살아가는 ≪홍길동전≫을 물레를 돌리며 입담 좋게 들려주시곤 했다. 내 유년의 기억 속엔 할머니가 전부였다. 뜸부기가 무논에서 울던 봄날, 할머니는 장에 가셨고, 마음 붙일 곳 없던 나는 울타리에 널린 할머니의 빨래냄새를 맡으며 한나절을 기다렸다. 학교를 파하고 돌아오면 할머니가 계시는 산골짝 밭으로 달려가 땀내라도 맡아야만 마음이 편안하곤 했다. 그런 조모님을 유골로 만나야 한다는 게 너무 서러웠다.

곽 뚜껑을 열자 거미줄같이 삭은 수의가 유해를 휘휘 덮고 있었다. 세상에 태어났다가 모진 외로움만 겪다가 옷 한 벌 입고 가신 할머니! 조모의 수의는 시집을 때 입으신 다홍치마 유록 저고리였다. 비만 오면 푸르렀던 신혼의 추억을 건져 올리시는지, 반닫이 농에서 갑사 혼수를 꺼내 하릴없이 만져보고는 나프탈렌을 바꿔 넣곤 하셨다. 그리곤 혼잣말로 "내 죽음의 옷인데 좀 칠까 싶어 살핀다." 하셨다.

동생들이 느개를 온몸으로 막으며 거뭇한 유골을 타월로 닦기 시작했다. 누에치고 길쌈하고 콩밭 메던 손가락마디까지 가지런히 맞추어 석곽에 고이 모셨다. 기왕 지하에서 벗어난 김에 쨍하게 내리쬐는 가을볕에 바싹 말려드렸으면 좋으련만 날씨마저 짓궂게 도와주지 않았다. 이제 곽 뚜껑을 닫으면 언제 다시 가실바람을 만나며 높디높은 푸른 하늘을 보실까.

하지만 손자들의 손길로 닦아진 유골에선 흐뭇한 기운이 번지는 듯했다. 무매독자이신 아버지가 대동아전쟁에 가셔서 불귀의 객이 될 찰나를 당하셨기에 할머니에겐 하마터면 후손이 없을 뻔했다. 손자들의 극진한 대접을 받고 계신 조모는 부처님 앞에 엎드려 무릎이 해지도록 빈 탓에 후사를 본 것이다. 히로시마에 폭탄이 떨어졌을 때 이미 아버지의 전사통지는 면사무소로 날아왔고, 그 참담한 비보를 전할 수 없었던 면장은 이웃에 소문만 조심조심 흘리셨단다. 온 집안사람이 웅성거리며 할머니의 동태를 보러 대문 앞을 드나들자 눈치 빠른 할머니는 울화가 차올라 낭자머리를 삭둑 잘라버렸단다. 그러면서도 절대 그럴 리가 없다는 최면을 걸고 아궁이에서 재를 퍼담아 이고는 밭으로 향했는데 밭두렁이 바다처럼 출렁거리더라 하셨다. 높은 낭떠러지에서 뛰어내리고 싶었지만 집에서 떨고 있는 며느리가 가련해서 밥이라도 해먹이려고 마음을 돌렸단다. 정신이 나간 채 안친 밥은 물을 붓지 않아 화근 내가 등천을 하더라고 아픈 과거사를 펼쳐 놓곤 하셨다.

일본의 방공호에서 저승을 오락가락하던 아버지는 시체를 치우는 일본인의 발에 밟혀 꿈틀거려서 병원으로 이송되었다. 망자에서 생존자로 바뀌었고 몹쓸 놈의 일본 땅에서 벗어나 귀국하셨다. 생사를 몰라 가슴 졸이던 조모는 뜬금없이 대문 앞에 들어선 아버지를 맨발로 달려가 목을 틀어 안고는 깍지 낀 손을 풀지 않았고, 꿈인지 생신지 살을 꼬집어보니 아프더라고 했다. 죽었다는 아들이 돌아왔을 때 부챗살처럼 활짝 펴졌을 할머니의 얼굴이 그려진다. 지금도 비록 냄새나는 유골로 드러났지만 찡그리지 않고 닦아드리는 손자들이 있어 그날처럼 웃을 것만 같다.

할머니는 이제 폭신한 우리 밭에서 정갈하게 몸을 닦고 누워계신다. 오늘밤은 꿈에라도 풀기 빳빳한 광목치마저고리에 비녀머리를 하신 할머니를 만나고 싶다.

개목사를 찾아서

 돌담 아래 제비꽃과 망초꽃도 외로움에 젖어있다. 절을 에워싼 삐쩍 마른 소나무도 사람을 기다리다 지친 듯 하나같이 등이 굽었다. 관세음보살을 모신 원통전엔 문풍지 소리만 크게 들린다. 흘러내린 촛농은 종유석마냥 굳어있고 젊은 영정 사진은 이승을 못 잊어 애달프다. 어린 자식 어찌하고 눈을 감았을까. 녹슨 다기와 투박한 마룻장도 젊은 영가 달래느라 지친 듯하다.

 안동의 천등산에서 홀로 절을 지킨다는 스님 이야기를 듣고 벼랑 끝에 매달린 암자이거니 했다. 와서 보니 건물은 낡았지만 원통전을 모신 법당과 해묵은 문루가 예사롭지 않다. 어쩌다 초파일을 그냥 보낸 N 선생이 연등 달러 오는데 따라나선 걸음이다. 스님은 설악산 봉정암에 기도하러 가시고 오월의 햇살이 법당을 비추고 있다.

절 앞에 세워진 석판을 보니 신라 신문왕 때 능인대사가 세웠다는 천년고찰이다. 초창기엔 흥국사라 불렸지만 조선시대 눈병이 창궐하여 맹사성이 비보사찰로 이름을 바꾸어 개목사라 불렀다고 기록되어있다. 고려 충신 정몽주 선생도 이 절에서 십여 년간 학문을 닦았다니 옛날엔 유명한 사찰이었나 보다.

같은 천등산 정기를 품은 봉정사엔 파란 눈의 영국여왕까지 찾아와 생일잔치를 벌였다는데 이 절은 왜 이리 적막하고 초라한지. 차라리 흥국사로 그냥 두었더라면 이름 덕이라도 보지 않았을까, 부질없는 생각을 해본다.

경내를 둘러 볼 겸 뜰을 걷자니 조각보 같은 텃밭에 잡초가 무성하다. 흥부네 자식처럼 조랑조랑 매달린 방울토마토며, 상추와 쑥갓, 봄배추들이 잡초에 짓눌려 해쓱하다. 누가 먼저랄 것도 없이 호미를 들고 밭고랑에 엎드렸다. 나름대로 한 세력 떨쳐보자는 질긴 잡초들을 뽑아내기란 마음만큼 쉽지 않다. 잡초와의 싸움이 아닌 내 안의 사악한 욕심들을 들어내는 심정으로 씨름하다보니 어느새 남새들이 기를 펴고 방실거린다. 내친김에 먼지 뽀얀 정독대도 닦아주고 마른 화분에 물을 뿌렸더니 솔바람이 슬쩍 귀밑머리를 걷어 주고 간다.

사찰을 배경으로 사진을 찍던 등산객이 카메라를 툇마루에 두고 물만 먹고 내려갔다. 한참 뒤 헐레벌떡 오더니 물건을 챙겨들고 바쁘게 사라진다. 잠시 부처님 앞에 목례라도 하고 가면 좋으련만. 동동거리며 내려가는 뒷모습이 어제의 나를 보는 것 같아 씁쓸하다.

어느덧 산사에 어둠이 밀려든다. 졸고 있는 외등마다 불을 밝히고 스님을 기다린다. 아무리 억척스런 아낙들이지만 사방에 에워싼 숲속에서 까만 사물이 꿈틀대며 나올 것 같아 으스스 하다. 한낮에 재재거리던 산새와 풀벌레들은 모두 둥지로 깃들고 가끔 연밭에서 울어대는 개구리 소리가 정적을 깨뜨린다. N 선생이 무서운지 숟가락을 문고리에 걸고는 나를 보며 웃는다. 들창문으로 들어오는 오월 보름달빛에 마음을 **빼앗겨** 보지만 무서움은 좀체 가시지 않는다. 사람이 절을 지키는지, 절이 사람을 지키는지 모를 일이다.

투박하게 울어대던 개구리 소리가 잦아들 즈음 앞산모롱이에 헤드라이트 불빛이 일렁인다. 사람이 이렇게 반갑다니! 주객이 전도되어 뛰어나갔더니 스님 역시 환하게 뜰을 밝혀놓고 기다리는 길손이 반가웠던 모양이다. 얼른 시원한 수박 한 쟁반을 썰어냈더니 나들이에 지친 기색도 없이 허름한 오디오에 산방한담가락을 흥건하게 풀어놓고 다기에 찻물을 올린다.

'꽃이 핀다는 것은/ 얼마나 놀라운 신비인가/ 곱고 향기로운 우주가 문을 열고 있는 것이다./ 잠잠하던 숲에서 새들이 맑은 목청으로 노래하는 것은/ 우리들 삶에 물기를 보태주는 가락

이다./

　달빛을 타고 춤추는 소리들이 천년고찰을 뒤흔든다. 온갖 슬픔과 생의 절규가 부질없다는 듯 피리와 통소 소리를 타고 밤하늘에 흩어진다.

배롱나무

배롱꽃을 보면 외유내강이라는 말이 떠오른다. 입김만 불어도 녹아버릴 듯 여린 꽃잎이 뙤약볕을 당당하게 받아내는 걸 보면 그런 생각이 든다. 대부분의 꽃은 화무십일홍이라지만 배롱꽃은 그런 지청구를 거부한다. 긴긴 여름 석 달을 붉은 정념을 토해 내는 정열의 화신이다. 사람도 시련을 겪다보면 별명이 많아지듯 배롱나무도 그러하다. 손끝만 닿아도 바르르 떤다고 간지럼나무, 영혼과 통한다고 하여 영매화, 붉은 꽃이 요염하다고 하여 자미화라 부르기도 한다.

배롱꽃이 흐드러지게 필 무렵이면 여름의 열기도 한풀 꺾여 옛사람들은 풍류를 즐겼다 한다. 자미화가 봉오리를 맺을 때쯤이면 술을 담그고, 꽃빛이 농염해지면 벗들과 함께 냇물에 술잔을 띄우며 유유자적했다는 어른들이 짐짓 부럽기도 하다.

매끈한 배롱나무의 몸에는 선비의 기품이 풍긴다. 눈꽃같이 연약한 꽃을 피우지만 사발덩이만 한 달리아 꽃숭어리에 기죽지 않고, 석 달 열흘을 견디는 기품이 예사롭지가 않다. 여름 한철 붉은 것에 자족하는 소탈함은 물론이고, 매끈한 몸피가 고결한 얼을 지닌 듯해서 함부로 대하기도 어렵다. 절개를 상징하는 솔도 껍질만은 두둑한데 굽은 배롱나무는 고목일수록 수피가 매끈해서 욕심 없던 옛 선비를 떠올리게 한다.

　나무가 겨울채비를 할 즘에 양동마을 관가정 뜰 안에 서 있는 그 배롱나무를 다시 찾았다. 싸리비질 가지런했을 뒤뜰이 마른 잡초들로 너저분하다. 굴뚝의 그을음도 삭아 내린 휘휘한 고택을 기웃거려본다. 높은 축대를 쌓아올린 한옥이 사람을 품지 못한 허허로움에 음산한 기운만 가득하다. 간간이 들려오는 객의 발자국소리가 무료에 잠긴 옛집을 깨우는 듯하다. 그 집에 생기를 불어넣는 건 상록수인 향나무 한 그루와 알몸으로 버티는 배롱나무뿐이다. 그중 한 켜의 껍질도 용납하지 않는 배롱나무가 마음을 툭 친다. 장구한 세월에 덕지덕지 쌓이는 비늘을 어찌 감당했는지 새하얀 몸피가 삼대같이 매끈하다. 인간의 욕심은 다져 밟아도 살아나는 사초 같은 것. 그 나무를 뜰에 심어 허욕을 삭이려는 선비의 속마음이 고뇌로 다가온다. 이제 맵찬 바람이 휘몰아치면 피골이 상접한 나목으로 동한을 맞이하지만 쉬이 고사하지는 않을 듯하다. 저녁 햇살을 받아 안는 깐깐한 목질이 그런 예감을 준다.

굳건히 몇 백 년을 살아온 배롱나무에 인간을 견주어 보면 가볍기 짝이 없다.

사람의 마음은 기다리다 지치면 앵돌아앉고, 시련이 닥치면 지레 물러서기 마련이다. 키워준 은덕은 쉬 잊고 가시밭길로 안내했다고 원성부터 터져 나온다. 그뿐인가. 세상이 늘 춥다고 엄살을 부리고 차오르는 물욕을 주체하지 못해 몸살을 앓는다. 사람처럼 나무를 지탱시켜 주는 것도 다르지 않을 게다. 생명체에 필요한 건 물질이지만 그 보다 더 갈급한 건 관심이라는 생각이 든다. 그러고 보면 시들게 하는 건 찬바람이 아니라 쌀쌀한 무관심이지 않을까. 바싹 마른 가지가 정에 굶주려 시들시들 맥없어 보인다. 객인 내가 따스한 손길로 다가선다 해도 주인의 웅숭깊은 관심에는 비할 수 없을 터이다.

만물은 주인 잃은 그날부터 생기를 잃는다. 인기척이 없는 빈집의 담벼락은 허물어지고 주인의 훈기를 맞지 못하는 반닫이농도 곰팡이가 피면서 썩어간다. 생명 가진 꽃나무도 마찬가지다. 임자 잃은 배롱나무는 주인의 찐득한 정이 또 얼마나 그리울까. 어쩌면 훨훨 하늘을 비상하는 새들이 부러워 몸부림을 칠 것 같다.

이 집에서 쳐다보는 가을 하늘은 유난히도 높다. 간간이 창공을 나는 새들과 뒷산을 오르내리는 청설모들만이 적요를 밀어내는 이 뜰에서 배롱나무는 언제까지 연명하게 될지. 오늘의 내가 세상을 떠나고, 몇 대 후손이 이곳을 찾는 훗날에도 꽃 피고 잎 지는 생태를 이어갈는지. 번번이 허방만 짚는 기다림이지만 끈을 놓을 수 없는 게 정리인가 보다. 건지乾支 끝에 잔명을 매달고 청백한 얼을 기다리는 배롱나무가 고산준령을 넘는 길손보다 고단해 보인다. 누각에 쳐진 거미줄이 걷히고 마룻장이 반질거리면 쓸쓸한 관가정官家停에 글소리가 두런거릴까.

    배롱나무만이 아니다. 가뭄에 조갈이 든 밭곡식도, 탄갱에 갇혀 실의에 빠진 광부도 인기척을 들으면 삶을 놓지 않는다 한다. 살아 숨 쉬는 모든 것은 관심을 받을 때 존재의 가치를 느끼나 보다.

3부

담쟁이덩굴
허기
회색의 변
당고모
껍데기
걸인의 밥상
가을 편지
운현궁에서
울, 그리고 담
조율하던 소리

담쟁이 덩굴

 담쟁이는 홀로 서기를 못한다. 줄기 끝에 촉각을 곤두세우고 악착스레 기어올라야 한다. 원래 담쟁이가 설 자리는 담벼락인데 나무를 타고 오르는 별종도 있다. 제자리를 타고 오르면 눈길이 곱지만, 나무를 타고 오르면 짐으로 보이기도 한다.

 낙엽송의 등을 타고 담쟁이가 기어오른다. 가뜩이나 어깨에 매달린 식솔도 많은데 담쟁이까지 붙다니. 줄기로 나무의 목을 조이고 부착근으론 수액을 빨아먹으며 염치없는 짓도 불사한다. 하지만 낙엽송은 살갑게 보이는 모양이다. 어쩌면 나무의 우직한 성격이 나풀나풀 여린 담쟁이를 좋아할 수도 있겠다. 한사코 매달리는 손을 뿌리칠 만큼 야멸치지도 못해 그냥 어정쩡하니 동거를 하는 모양이다.

 구사일생으로 몸 붙일 곳을 찾은 담쟁이는 미끈한 둥치를 타고 가뿐하게 기어올라 상큼한 분위기를 만들어준다. 하늘거리는 잎들의 율동과 그 잎에 흐르는 자르르한 윤기가 낙엽송에겐 더없이 사랑스러운가 보다. 그윽한 눈빛을 보내 담쟁이의 기를 살려 놓기에 충분하다. 뼈대 없는 가문에서 자라 듬직한 둥치를 안고 살 수 있는데 무엇이 두렵겠는가. 낙엽송의 마음을 차지한 담쟁이의 기세가 가관이다.

비록 기대어 살지만 홀로서기로 살아가는 싸리나무들을 눈 아래로 본다. 깔밋한 몸에 성질까지 깐깐하여 융통성이라곤 없다고 무시하는 듯하다. 비바람에 모든 잡목들이 휘청거릴 때도 든든한 둥치만 휘감고 있으면 무사한데, 능력도 없으면서 고매한 척 살아가는 여린 나무들을 아둔하게 보는 눈치다. 담쟁이의 반질거리는 잎들을 보면 자신이 아주 지혜롭게 한 세상 살아간다는 듯하다.

담쟁이는 요구조건이 합당치 않으면 간간이 낙엽송의 속을 썩이기도 한다. 생글거리던 웃음도, 귀여운 몸짓도 죄다 거두고 절개도 아닌 절개를 과시한다. 이미 담쟁이의 맛에 길들여진 낙엽송은 '어디에서 이 외꽃 같은 웃음과 야릇한 자태를 볼 것인가.' 해서 무릎을 꿇고 만다. 비록 더부살이를 하지만 어진 동반자를 만나 성깔을 한껏 부리면서 살아간다.

한편 싸리나무들은 남에게 기대어 살아가는 걸 아주 못마땅하게 생각한다. 자존심 하나로 살아가는 그들에게 그런 삶은 용납이 될 수 없다. 둘은 근본부터 다르다. 담쟁이는 요령껏

남의 등골을 빼먹고 살고, 싸리나무들은 궁핍하지만 곧은 절개를 으뜸으로 치기에 쉽게 살아가는 담쟁이덩굴이 곱게 보이질 않는다. 뼈대 있는 나무들의 모임엔 절대 끼워주지 않고 신분을 구분하며 무시해 버린다. 왜소하고 초라하지만 내면에선 품위를 지니려고 애를 쓴다. 무성한 칡덩굴보다는 나약한 잡목을 높이 보는 무리들이다. 물질보다는 정신을 앞세우고 후세에게 누가 되는 흠집은 남기지 않으려 애를 쓰며 살아간다.

낙엽송의 능력은 한계가 있다. 넘쳐흐를 땐 무리가 없는데 가뭄에는 부담스럽다. 그렇다고 정든 담쟁이를 뗄 수도 없어 애초에 뿌리치지 못한 자신을 원망하는 눈치다. 담쟁이가 누구인가. 어디에 기대고 살아볼까? 요 궁리 저 궁리하며 눈치 하나로 살아가는 덩굴식물이 아니던가. 약삭빠른 담쟁이는 스스로 떠나주는 것만이 상책이라 생각하고 때마침 불어오는 가을바람을 타고서 슬슬 떠날 채비를 한다. '모든 것은 필요에 의해서 존재한다.'는 지극히 평범한 진리로 작별인사를 하며 우수수 떨어져 내린다. 풍채 좋은 낙엽송의 둥치에 얼기설기 한 줄기들이 지저분하게 남아서 품위를 추락시킨다. 하지만 그 흔적은 뼈대 없는 후예들을 거두어 먹인 후덕한 처소이기에 미워하지 말아야 하리라.

설 자리를 아는 건 지혜로운 일이다. 고샅길 돌담 위에 초록 레이스를 덮어씌우듯 뻗어나가는 담쟁이덩굴은 살뜰한 형이다. 차곡차곡 쌓아 올린 돌담을 운치 있게 꾸며서 발길을 불러들이는 재주꾼이다. 조석으로 피워 올리는 굴뚝의 연기를 마시며 소박한 꿈을 꾼다. 고택의 이끼 낀 기와담장을 덮어줄 꿈이 아니라 오두막집을 그림같이 채색할 아름다운 꿈이다. 허황된 부를 탐내기보다는 나에게 주어진 자리를 반짝거리게 가꾸는 형이다.

해묵은 은행나무가 뜰 안에 우뚝 선 대가의 담장에도 빛깔 깊은 담쟁이덩굴이 엄전케 덮고 있다. 번잡하게 드나드는 손님들을 맞이하며 조신하게 담벼락을 지킨다. 엄한 분위기에서 벗어나 자유를 누리고 싶은 생뚱맞은 생각도 가끔 있지만 대가의 체통을 위해 마음을 삭이곤 한다. 명문가가 그냥 되는 게 아닌 것을 체험으로 배우며 자리를 지킨다.

낙엽송을 휘감던 담쟁이! 그는 약자의 정체성을 잃고 남의 등에 기대어 살고자 한 이기주의다. 땅을 기든, 시멘트 담장을 기어오르든 자존과 질서를 지켜야 했다. 자신의 안일을 위해 이웃에게 해를 끼치는 건 죄악이다. 하늘을 날아다니든 땅을 기든 지구 위의 생명이라면 지켜야 할 도가 있다는 걸 담쟁이는 몰랐을까.

허기

　고요한 선원에 축생 두 마리가 불시 방문을 했다. 엉덩이에 똥이 덕지덕지 눌어붙은 돼지 두 마리가 산사를 찾아든 것이다. 예기치 못한 손님 때문에 절 마당이 왁자해지자 언덕 밑에서 장작을 패던 윤 처사가 도끼눈을 뜨고 잽싸게 달려왔다.
　유난히 분개한 표정을 보아 문제의 그 돼지들인 모양이다. 성질마른 처사가 돌멩이를 휘두르며 '개새끼들' 운운해서 모두들 한바탕 웃었지만 그는 화를 삭이지 못하고 열을 올린다. 처사의 말인즉 며칠 전 죽도록 밭을 일궈 땅속에 묻어둔 감자 씨앗을 저 축생들이 파헤쳐 모두 절단을 냈단다.
　그는 봄바람에 땅이 녹기 시작하자 곳곳에 알맞은 씨앗을 묻었다. 거름을 넉넉하게 넣고 호박씨며 상추와 쑥갓, 열무, 봄배추를 심고, 씨감자는 눈이 다칠세라 정성껏 쪼개가며 묻었다고 자랑을 했다. 그 며칠 후, 아침공양을 마치고 밭에 나갔던 처사가 씩씩거리며 화기 탱천하여 돌아왔다. 돼지들이 밭을 파헤쳐 씨감자를 감쪽같이 해치웠다며 노발대발이다. 허리도 시원찮은 양반이 아프게 심은 씨감자가 하루아침에 짐승들의 성찬이 되고 말았으니 화가 날만도 하다.

  산돼지도 아닌 집돼지들이 왜 저러고 다니나 알아보니 주인이 홀로 사는 남자인데 정신병이 도져 입원 중이란다. 축생들이 먹이를 공급받지 못하여 우리를 뛰쳐나온 모양이다. 배고픈 돼지가 무슨 짓을 못할까. 인근 비구니스님들의 채전 밭도 절단이 난 모양이다. 사람도 사흘을 굶으면 남의 집 담을 넘는다는데 걸신들린 돼지들이 무슨 짓을 못하겠는가. 그 일을 가만히 듣고 계시던 주지스님께서 처사에게 일렀다. "배고픈 짐승을 거두어 먹이는 것도 복 짓는 일이니 당분간 음식물 찌꺼기를 돼지막까지 날라다주소." 가뜩이나 일복 많다고 한탄하는 처사가 스님의 말씀이 마땅찮은지 대답이 없다. 옆구리에 손을 받치고 삐딱하니 서서 땅이 꺼져라 한숨을 쉰다. 스님은 그런 태도가 못마땅하신지 역정을 내시며 "생각해 보소. 배고픈 짐승이 걸식하러 왔다가 팔매질만 당하고 가서야 되겠느냐."고. 돼지로 보면 짐승으로 태어난 것도 서러운데 온전치 못한 주인을 만나 우리 속에 갇혀 굶어 죽을 판이다. 그까짓 씨감자가 대순가. 그날 내내 그 돼지들이 눈에 밟혀 마음이 편치 않았다. 하기야 요즘 먹고 살기 힘든 건 돼지뿐만이 아니다. 나라 경기가 바닥을 치니 막다른 골목으로 내몰려 허기진 사람들도 많다.

　공양주가 휴가를 가고 없던 날이었다. 봉사자와 나는 선방을 신축하는 인부들의 점심공양을 준비하느라 분주했다. 가마솥에선 다시마와 버섯을 우려내는 국물이 끓고 있었고, 안에선 조물조물 찬을 만드느라 바빴다. 밥솥에서 구수한 밥내가 술술 피어오르는 한나절 무렵, 몸집 두둑한 보살 한 명이 공양간에 들어왔다. 절에 오면 공양간 일을 거들어야 복을 받는다는 법도를 아는 듯. 음성이 유난히 높은 그녀가 부엌에 들어서자 분위기가 순식간에 활기찼다.

　다니던 직장에서 명퇴를 하게 되었다며 천도재 비용을 물었다. 친절하게 답을 해주었더니 내가 제시하는 비용에서 큰 돈 한 장을 더 얹어 당장 폰뱅킹 시키겠노라 했다. 그리고는 법공양비와 일 년치 인등비에 양초 한 상자까지 올리겠단다. 풍성한 몸매만큼 인심도 넉넉하구나 싶었다. 모두들 그녀에게 호감을 보이니 풍성한 몸집은 점점 목소리가 커져 공양간이 떠들썩하다.

　그즈음 연달아 지낸 천도재로 인해 과일이 넉넉했다. 그녀는 뒤처져있는 물렁한 토마토가 아깝다며 잼을 만들어 오마 했고, 나는 냉동실에서 꾸덕꾸덕 얼어버린 떡까지 한 봉지 담아주며 내일 다시 보자고 약속했다. 그녀가 묵직한 짐을 들고 나서자 스님은 짐을 받아 차부까지 들어다 주시는 친절까지 베푸셨다.

다음날, 공양간엔 휴가를 마친 공양주와 어제의 그녀가 다시 와서 점심을 짓고 있었다. 오전의 원주실은 한가하다. 연잎 비빌 풀을 가지러 부엌으로 갔더니 어제보다 더 시끌벅적하다. 공양주는 그녀의 말끝마다 장단을 맞추느라 음식에 간이나 제대로 보는지 걱정스러웠다. 너무 말이 많아 좀 수상한 예감이 들었다. 혹시나 하고 통장에 입금조회를 해 보니 그녀의 이름이 없다. 밥숟갈을 놓자마자 조심스레 물었다. "폰뱅킹 시켰다더니 아직 입금이 안 됐네요?"

그러자 대뜸 수표를 입금시켜 월요일 오후에라야 확인이 된다나. 그럴 법도 하다. 하루 만에 공양주와 찰떡같이 친해진 그녀는 어둠살이가 절간을 다 덮어도 집에 갈 생각을 않았고, 공양주와 둘이서 법당에 앉아 기도 삼매경에 빠져들었다. 이상한 예감에 고개를 갸웃거리면서 집으로 왔다. 이튿날 새벽, 막재가 있는 날이라 새벽공기를 가르며 산사에 들어서니 여느 날과 다름이 없다. 휘파람새는 여전히 울어대고 절 식구들도 부산하게 움직이고 있었다. 그런데 정작 보여야할 공양주가 보이지 않는다. "보살님~ 나 왔어요." 하며 방문을 열었더니 그렇잖아도 열이 많은 얼굴이 벌겋게 달아올라 뜨거웠다.

"나쁜 년, 법당에서 같이 기도하다가 삼성각에 올라간다더니 내 지갑을 털어갔다 아입니꺼."

아니, 거금을 들여 재까지 하겠다고 호언장담을 하던 그녀가 절에서 그런 짓을 하다니! 더더구나 스님의 보약까지 지어 드리겠다고 선수 치던 그녀가 그럴 줄이야. 수억의 연금을 받는다고 자랑하더니 뭐가 아쉬워 공양주의 지갑에 손을 댔을까? 그녀도 돼지들처럼 배가 고팠을까. 그렇다면 솔직하게 말을 했더라면 그냥 보내진 않았을 텐데. 왜 신성한 사찰에까지 와서 죄를 짓는지. 딱하기도 하다.

며칠 후 신도들이 모두 돌아가 버린 저물녘이었다. 그렇잖아도 절간 분위기가 가라앉았는데 팔팔하던 처사마저 풀이 죽었기에, 왜 저기압이냐고 물었더니 하는 말인즉, 애물덩어리 돼지들이 모두 죽었단다. 씨감자 사건 이후에 가는 곳마다 돌팔매질을 하며 눈총을 주었으니 굶어 죽은 모양이라고. 말 못하고 배고픈 짐승에게 먹이는커녕 볼 때마다 돌멩이세례를 퍼부었으니 미안하고 후회된다며 그답지 않게 고개를 숙인다. 문득 거짓으로 위장하여 절간에서 푼돈을 훔쳐간 그녀가 생각난다. 호두알맹이 같은 자존심을 간직한 채 어디서 또 검은 손을 뻗치는지 걱정스럽다.

회색의 변

해변의 몽돌은 파도가 만든 작품이다. 수없이 닳고 닳아야 뾰족한 모서리가 동글동글해진다. 흑백이 명백한 개성을 없애고 회색으로 변한 것 역시 세파 때문이다. 피를 나눈 혈육도 영원하지 않은데, 하물며 인위적으로 만난 관계야……. 파닥거리는 속 날개를 접고 무감각의 회색이 되지 않으면 버틸 수가 없다. 이젠 웬만한 파도쯤이야 '새옹지마'의 지론을 떠올리며 감정의 기폭을 쉽게 낮춘다. 아궁이에서 타는 솔가지의 불꽃도, 열정을 태우는 남녀의 사랑도 종점에는 회색빛 재만 남는다.

그곳은 안전지대다. 모난 돌이 정 맞는 소리도 들리지 않고, 뇌성번개도 피할 수 있을뿐더러, 굿판이 벌어지면 팔짱을 끼고 군상들과 어울려 허심탄회하게 웃을 수도 있다. 누구와도 적을 만들지 않고 다양한 색깔을 받아들이며 화합의 귀재가 되려고 노력하는 색이다. 원래의 칼칼한 성격을 숨기고 느긋한 마음으로 끌어안는 품새는 격세지감을 느끼게 한다. 회색은 어떤 원색과도 어울릴 줄 안다. 모서리가 정리되지 않은 원색끼리 마주치면 날선 언어들로 상처를 내기에 회색은 완충지대로 이용된다. 회색 곁에 찾아온 원색들은 달빛 내리는 호숫가에 여장을 푼 듯 유유자적해서, 목선 한 척 띄워주고 싶은 선심까지 일기도 한다. 그러나 회색도 북적거림이 잦으면 문제가 생기기 마련이다. 연약한 화초도 뒤엉키다보면 본연의 심상이 뒤틀리기 십상인데 하물며 사람의 관계는 더더욱 미묘할 수밖에 없다.

어느 날 절친하던 원색과 회색의 사이에 큰 오해가 생겼다. 엉킨 실타래를 풀려면 침착하게 실마리를 찾아야 하는데 원색은 그렇지 못하다. 마구 휘저어 풀 수 없게 만들어 놓았다. 광포한 성깔로 퍼붓는 날카로운 언어들이 폐부를 찌르는 것도 모자라 큰 소리로 원망하며 다녔다. 세상 사람들은 화려한 원색에게 현혹되어 색안경을 끼고 보기 시작했다. 회색은 억울한 오해를 풀기위해 애를 썼으나 막무가내였다. 하다가 안 되는 일은 세월에게 맡기라고 했던가. 진실은 언젠가 밝혀지는 것이라고 자신을 달래며 수도승마냥 초월하여 살아갔다. 죄라면 원색을 가까이한 것뿐이다.

세월은 정말 신통했다. 금강산 봉우리만큼 감정의 기폭이 심한 원색을 해묵은 묘처럼 나직하게 만들어 화합의 손을 내밀게 바꾸어 놓았다. 회색이 오래도록 가슴앓이를 하며 오해가 풀리기를 기다린 보람이었다. 진실이 밝혀진 기쁨에 진물 나던 상처도 꾸덕꾸덕 말라가고, 궂은 날 뒤에 다져지는 황톳길같이 매끄러운 관계를 새로이 엮어가고 있다. 원색은 후회의 쓰린 액이 위벽을 할퀼 때마다 모서리를 없애려고 애를 쓰지만 그로서는 쉬운 일이 아닐 것이다.

다양한 색깔들은 회색과 원색의 화합에 어리둥절하다. 그렇게 심한 상처를 받고서도 화해하는 회색을 못마땅해 하고, 또 다른 원색은 바보스럽다고 질책을 퍼붓는다. 회색은 지난 일을 후회하며 다가오는 원색을 밀어낼 만큼 야멸치지 못하다. 기후의 변화로 남극의 빙산도 녹아내리는데 그까짓 마음의 빙산쯤이야 문제없이 녹일 수 있다고 생각한다. 매듭을 풀고 옛날의 돈독했던 사이로 돌아가고 싶었다. 회색은 원색이 힘들게 일궈낸 마음의 밭갈이를 받아들여 무거운 짐을 내려주고 싶었다.

마음을 푸는 것은 자신의 색깔을 죽이는 것이다. 다른 색을 받아들이기에 회색은 어머니의 치마폭처럼 푸근하게 보인다. 회색은 마른풀처럼 바람결 따라 누워버리는 비굴함이 아니라 끌어안는 관용이다. 한때 양대 진영의 이념 다툼으로 많은 나라들이 휩쓸렸지만 관용으로 중립을 고수한 프랑스나 스위스의 색깔도 회색이지 않을까 싶다. 회색은 평화의 색깔이다.

회색은 누구나의 빛깔이 아니라 고통스런 세파를 초월한 승자의 색이다.

당고모

 가풀막진 고개를 넘으면 다랑이 논밭이 나오고, 내리막길을 달려 읍내를 빠져나가면 미루나무가 우뚝 선 강가에 빛바랜 함석집이 보인다. 경제파탄이 난 후 며느리마저 떠나버린 썰렁한 집에서 어린것들을 품고 계실 고모를 찾아가는 길이다. 이 이불이 비록 냉골을 데울 수는 없겠지만 고모를 생각하는 내 마음이 짚불 온기만큼이라도 전해졌으면 하는 바람으로 대운산 고개를 넘는다.

 회오리바람이 마당을 휩쓸던 어느 해 겨울이었다. 집안 어른 몇 분이 안방에서 한담을 나누고 계시는데 마당에 당고모 내외분이 뜬금없이 들어오셨다. 장가드신 이후로 오지 않는다고 타박을 받던 고모부가 들어서자 모두들 눈이 휘둥그레졌다. 고모는 잔뜩 무거운 표정이었고 고모부는 눈치를 살피며 들어

오셨다. 한참 뜸을 들이던 고모가 작은방으로 아버지를 불러내더니 무슨 부탁을 받았는지 아버지의 표정이 침울하게 변해서 나오셨다. 그 때문에 갑자기 방안 분위기가 물속처럼 잠잠해졌고 대여섯 명의 숨소리마저도 가라앉아 문풍지 떠는 소리만 크게 들렸다. 부엌에서 점심상을 차리던 어머니와 당숙모가 수군거리기 시작했다.

"댁은 남 보듯 하면서 돈 필요할 때는 처가를 찾아오네, 배짱도 좋다."

그 소리만으로도 고모부 내외가 깨진 사기그릇처럼 사이가 벌어졌다는 걸 알아차릴 수 있었다. 아마도 고모부께 급한 일이 생긴듯 했지만 유감 가득한 아버지께서 그런 부탁을 들어줄 리 없었다. 풍진 세상을 살아오신 아버지는 당고모의 간청을 받아들이지 않고 그냥 돌려세웠다. 그 일이 있은 후 고모는 흉사에만 마지못해 들어서고 친정걸음을 끊으셨다. 몇 년이 지나자 고모부가 돌아가셨고, 작은댁이 낳은 아이를 고모가 키운다는 소문이 들려왔다. 핏줄이 아닌 그 아이를 친자식인 양 품에 안고 길러내셨다.

시어른과 함께 농사를 지으며, 아이를 대학 공부시키고 결혼까지 시켜 이젠 편하다는 소문이 들려왔다. 내 살기가 바빠서 잊고 지냈는데 지난해 여름에 문득 고모 생각이 간절했다. 설레는 마음으로 찾아갔더니 곱던 얼굴이 곶감같이 쪼그라들고 허리도 많이 굽었다. 무슨 우환이라도 있느냐고 묻는 말에

머뭇머뭇 아들의 사업 실패담을 내비치셨다. 채권자들의 손에 문전옥답은 물론이고 제위답과 집마저 모두 넘어갔단다. 그나마 딱한 사정을 아는 주인이 집은 눌러살라고 해서 다행이지 그런 배려도 없었더라면 거리에 나앉을 뻔했다고 푸념을 하셨다.

할머니는 엄마 잃은 당고모를 딸처럼 생각하셨다. 그래서 명절 끝에 친정에 오면 큰집보다 우리 집에 머무는 날이 많았다. 고모가 오신 날은 가을 들판의 풀벌레 소리도 목청을 낮추어 주었다. 온화한 성품에 곱상한 이목구비를 갖춘 이미지와는 달리 짓궂은 농담을 잘해서 집안 분위기를 빵 반죽같이 부풀리곤 했다. 고모로 인해 아낙들이 모여들면 달구제비놀이가 시작 되었다. 그럴 때면 동생과 나는 마루에 걸터앉아 혼을 빼앗기며 구경했다. 앞 사람의 허리를 안고 길게 늘어지는 행렬도 볼만했지만 말미에 있는 사람이 선두에게 잡히는 순간 비명을 질러대는 고조된 분위기는 온 집안을 달뜨게 했다.

고모는 흥을 몰고 왔다 몰고 가는 바람이었다. 놀이가 절정에 달할 때쯤이면 슬그머니 빠져나와 머릿방에 누워버렸다. 달빛 이불을 덮고 한숨을 토해 내면 옆에 앉은 할머니가 "그래, 남편 빼앗긴 네 속을 누가 알겠노." 달래셨다. 놀이의 맥이 뚝 끊어지면 몇몇은 고모를 위로하느라 에워싸지만 다른 아낙네들은 뿔뿔이 흩어지고 만다. 고모의 그런 모습은 철부지 나를 까닭 없이 슬프게 했는데, 이제야 휘감아 올리던 한숨소리가 무엇인지 알아차린다.

공직자였던 고모부는 결혼하기 전부터 사귀던 여자가 있었다. 그 여인을 어른들이 탐탁해하지 않으니 고모에게 억지 장가를 들었다. 마음에 없는 혼사를 치른 고모부는 신부를 부모님께 맡기고 직장이 있는 부산으로 내려가 버렸다. 신랑은 동거녀와 살고, 고모는 어른을 모시고 살아야 했다. 그런 속사정을 모르는 가엾은 고모는 주말이면 오지 않는 신랑을 기다리느라 애를 태웠다. 기다리는 심정은 화롯불에 얹어둔 된장냄비와 함께 졸아 들고, 노릇하게 구워둔 생선토막도 애타는 마음과 함께 꾸덕꾸덕 굳어갔을 것이다. 그때 들녘에 물든 석양빛이 고모에겐 무슨 빛으로 보였을까. 신랑을 빼앗긴 고모에겐 자식도 없다. 그래서 메리야스 보퉁이를 이고 오일장을 돌며 한숨을 날려 보냈다.

차라리 젊은 날에 재혼을 했더라면 이런 고난은 없었을는지. 한 번쯤은 팔자를 고칠 수도 있었을 텐데 그게 아쉽다. 고모는 피붙이가 아닌 남편의 아이를 키우면서 가문에 누를 끼치지 않으려고 절개를 지키고 살았지만 참담한 노후를 보상해 줄 사람은 아무도 없다. 제 몸을 옭아맨 누에고치는 비상할 나방이라도 품고 있는데 고모의 가슴 속엔 그런 비상할 꿈마저 없다. 인생의 끝자락을 알곡 털어낸 짚단처럼 될 줄 알았더라면 쉽게 살아보셨을 텐데. 그러면 저렇게 가엾진 않을 텐데 돌이킬 수 없어서 애석하다.

연보라 꽃무늬가 수놓아진 노란 이불을 주문했다. 덤으로 따라온 패드는 바둑판 줄무늬가 누벼져 있고, 베갯잇에도 싸리나무 꽃이 잔잔하게 수놓아져있다. 억울한 생을 운명이거니 받아들인 고모에게 덮어드리면 내 마음이 조금은 가벼워지려나.

껍데기

 무공해 채소를 고집하다 김장배추를 그르쳤다. 약을 치지 않아 벌레들이 갉아먹은 무지렁이 배추들을 비닐로 덮어 두었는데 겨울바람이 세차게 부는 날엔 배추 생각에 마음이 편치 않다. 맹추위가 기승을 부리는 날 배추 밭을 찾아갔더니 밭고랑을 뒤덮은 서릿발의 기세가 대단했다. 추위 속에서도 한두 포기 살아있는지 비닐 속을 들여다봤더니 아니! 이럴 수가. 누렇게 말라붙은 마른 배추 껍데기가 무슨 힘이 있다고 시원찮은 속을 여태 감싸고 있다니.

 배추 껍데기의 몰골 위로 불현듯 애면글면 자식 걱정하시던 어른의 환상이 어른거린다. 귀는 절벽이고 얼굴과 손등에 저승꽃이 뒤덮인 아흔을 넘긴 어른도 자식을 감싸는 마음만은 끝끝내 내려놓지 못하셨다. 간간이 손자들이 문안드리러 갈 때면 간곡한 어조로 "○○아, 내가 죽거든 느거 아부지 좀 돌봐 주거래이, 꼭 부탁한다."

아이에게서 그 말씀을 전해 듣던 날 나는 온 몸으로 신열을 앓았다. 오대 독자로 내려오던 자손 귀한 가문에서 공들여 얻은 자식이기에 금지옥엽처럼 귀했으리라. 들면 날아갈까, 쥐면 꺼질까 노심초사 불안하게 길렀으리라. 그렇게 키운 자식을 일락서산에 다다른 어른이 손자에게 당부를 하시다니. 지조가 강하신 어른이 그 힘든 부탁을 하기까지 얼마나 망설였을지 나는 짐작으로 안다.

그는 조모님과 부모님, 그리고 위로 동떨어진 누나 두 명 사이에서 샛노란 배추속대처럼 자랐다. 온 집안의 총애를 받아서인지 입이 짧아 밥알을 세며 먹었다 한다. 교직에 계시던 큰누나는 집에 돌아오면 동생을 업고 초량시장 소문난 국수집으로 가는 게 일과였다. 눈이 동그란 동생을 의자에 앉혀 두고 가락국수를 돌돌 말아 배가 봉긋해질 때까지 먹여서야 집으로 데려오곤 했다.

할머님은 귀둥이 손자가 밖에 나가 놀면 골목대장에게 맞을까봐 대문 밖을 못 나가게 하셨고, 어쩌다 동네 아이들에게 맞고 들어오면 나가서 맞았다고 야단을 치셨다. 이웃에서 가져온 잔치 떡이나 엿은 죄다 손자의 몫이었고, 새벽바람에 이고 오는 재첩국 장사는 매일 그 집 앞에서 파란 부추 한 줌을 얹어 한 냄비씩 팔고 갔다. 그는 쇠고기에 밥 볶아 재첩국을 들이켜며 몸피를 키운 여린 사람이었다.

  불혹의 나이에 아들을 얻은 부모님은 마음이 바쁘셨다. 취학연령이 채 되지 않은 아이를 입학 시켜두고 또래 아이들에게 맞을까봐 전전긍긍이셨다. 등교시간엔 일하는 순이를 딸려서 보내놓고 다른 아이와 싸우면 방패막이가 되게 했다. 그는 두꺼운 껍데기에 파묻혀 바깥의 거친 바람과 찬 공기를 어떻게 헤쳐 나가야 할지 모르게 길러졌다.

  명석한 작은누님은 동생이 중학교에 진학하자 과외 선생님을 초빙했다. 2층 다다미방에서 과외수업을 하는 시간엔 모두 일층으로 피해 주며 파리 한 마리 얼씬 못하는 성역 같은 분위기를 만들어 주곤 했다. 그렇게 온 식구가 성적 올리기에 심혈을 기울였으나 아이는 공부를 게을리했다. 매를 들라치면 눈에 핏발을 세우고 울어서 숨 넘어갈까봐 매질을 거둬야 했다. 안절부절못하고 키운 자식은 고분고분 말을 듣지 않았다. 그때부터 부모님의 속이 누렇게 뜨고 배추 껍데기처럼 바싹 말라가고 있었다.

  사대문 안에 드는 대학을 겨우 보내놓고 등록금과 하숙비와 잡비 마련하느라 허리띠를 졸라매고 장사를 하셨다. 장을 담그는 봄철이면 소금자루가 가게에 산더미처럼 쟁여져 손등이 터지면서 팔았고, 여름철이면 밀가루 포대를 켜켜이 쌓아두고 산복도로의 가난한 사람들에게 팔아서 자식의 대학 사 년을 마쳤다.

그는 부유한 누나들의 인맥으로 굴지의 회사에 취직했고 결혼까지 무난히 마쳤다. 하지만 성인이 된 그는 노란 속대에서 벗어나 껍데기로 변해야 할 때를 알지 못했다. 외양은 분명 퇴화된 껍데기임에도 책임과 의무가 결여된 만년 속대일 뿐이었다. 한갓 푸성귀인 배추 껍데기도 속을 감싸 안는 보호본능이 있는데….

그를 온실처럼 감싸던 혈육들은 모두 세상을 뜬 지 오래다. 보호막이라곤 죄다 사라진 속대가 홀홀히 서서 석양에 부는 거친 바람을 맞고 있다. 그를 껍데기라 믿고 태어났으나 보호받지 못하고 자란 아이들이 되레 그의 껍데기가 되어 감싸고 있다. 치아를 해주고 최신형 텔레비전을 달아주고 간간이 용돈도 보내주면서 조부님의 뼈아픈 부탁을 잊지 않고 실행하고 있다.

껍데기는 너무 두꺼우면 속이 제 기능을 잃어버리는가 싶다. 적당히 감싸다가 속잎이 청청해질 무렵이면 일부러라도 나약한 척 엄살을 부려야 속잎이 바로 서게 됨을 그를 보며 배운다. 바싹 마른 배추 껍데기에 그 어른의 환상이 겹쳐진다.

걸인의 밥상

 지금 내 머릿속엔 유화 한 폭이 그려지고 있다. 걸인에게 차려준 밥상 옆에서 더 줄 게 없어 안타까워하는 친구 어머니의 모습이다. 보리타작을 마친 초여름 어느 날 숙제를 하다 말고 친구네 집으로 마실을 갔다. 조금 이른 점심때였는데 부엌에서 친구 어머니가 쌀 한 톨 섞이지 않은 보리밥을 짓고 계셨다. 초벌을 삶아 다시 뜸을 드린 후, 나무주걱으로 척척 이개고 있었는데 먹음직한 황금빛이었다. 구경을 하던 내게로 구수한 밥 냄새가 번져오자 입안에 침이 고였다. 지룩한 보리밥 한양재기와 감자를 넣고 지진 토장냄비를 양철 밥상 위에 올려놓고 언니, 오빠들이 둘러앉았다. 숟가락 부딪는 소리를 내며 어찌나 맛있게 먹던지 침이 넘어갔지만 아무도 나에겐 먹어보라는 말 한마디 하지 않았다. 떫은 풋감 하나도 나누어 먹던 친구마저도 입을 닫고 자기 몫을 뺏길세라 친구는 안중에도 없었다. 돌아서 오는 길에 그 황금색 밥이 내내 눈에 밟혔다.

포플러 이파리가 고기비늘처럼 반짝이던 한여름 날, 방학숙제를 끝내고 그 친구 집으로 또 마실을 갔다. "옥선아, 노~올~자." 하며 삽짝 앞에 들어섰더니 걸인 두 사람이 마당에 앉아 밥상을 받고 있었다. 누렇게 뜬 메주 빛 얼굴과 누더기 옷차림이 무섭게 보였는데 친구 어머니는 객을 대접하듯 정성스레 상을 바쳐내고 있었다. 귀퉁이 떨어진 개다리 소반 위에 고봉으로 담긴 보리밥 두 그릇과 찬물 두 그릇이 얹혀 있었다. 반찬은 달랑 고추장 한 접시. 걸인 두 명은 땅바닥에 앉아 게걸스레 먹었고, 친구 어머니는 그 옆을 빙빙 돌며 "찬은 없지만 배부르게 들고 가이소." 인사까지 곁들였다. 모두들 걸인에게 밥 한 덩어리 주는 것은 예사였지만 상을 차려 주는 이는 없었기에 어린 내 눈에는 신기하기만 했다.

지금도 여름철이 되면 친구네의 보리밥이 생각나서 가끔씩 보리밥집을 찾아가곤 한다. 온 콩이 드문드문 섞인 토장찌개와 열무김치 한 보시기가 담긴 밥상을 받고 있으면 얼굴이 누렇게 뜬 걸인이 성큼 내 자리에 다가올 것만 같다. 빌러 갈 땐 당당하라는 지론을 터득한 듯 늠름하게 땅바닥에 퍼질고 앉은 걸인의 모습이 여태 머릿속에서 떠나질 않는다.

친구 어머니는 6·25사변의 소용돌이 속에 남편을 잃은 분이다. 분배의 원리에 맞게 배고픈 걸인에게 자비롭게 호의를 베풀었던 성싶다. 철부지였을 땐 느끼지 못한 인간애가 반백 년이 지나서야 곱게 채색되어 눈앞에 어른거린다. 그 보리밥 한 그릇은 부잣집 마나님이 베푼 쇠고기국밥과는 견줄 수 없는 무게를 지닌 것이다.

지난해 친구가 열심히 다니는 절에 대중공양을 도우러 갔다. 하루에 300명이 넘는 노숙자들의 점심밥을 신도들의 사비로 마련하고 있었다. 친구는 뜨거운 국솥에 엎드려 국을 떴고 나는 찜솥 아홉 개의 밥을 퍼서 김치 몇 조각을 얹어 창구 쪽으로 밀어주면 순식간에 밥그릇이 사라졌다. 노숙자들은 그 밥으로 요기를 한 뒤 나무그늘에 앉아 시간을 보내다가 해가 설핏 넘어가면 지하도로 들어간단다. 옛날엔 헛간에서 잠을 잤는데 지금은 지하도로 바뀐 것뿐, 이전과 다를 게 하나도 없다. 그들을 보면 욕심이 인생의 강물에 갖가지 오물을 흘러내린다 싶다. 분배의 대열에서 물러선 그들에게 최소한 먹을 수 있는 권리는 주어져야 한다고 생각하며 열심히 일을 도왔다.

하나 나는 이율배반적이다. 친구가 쌀 한 가마니를 내서 점심공양을 시키라고 권했을 때 선뜻 답이 나오질 않았다. 건장한 몸을 가지고도 일하지 않는 그들의 심사가 못마땅해서 회피하고 싶었다. 누가 날더러 요즘 얼굴이 좋아졌다 하면 "마음을 비우고 삽니다." 한다. 생각해 보면 비운 게 하나도 없다. 단지 좀 느긋해졌을 뿐이다. 진정 비우고 사는 사람들은 그들이라는 생각이 든다. 하루하루의 입치레를 걱정할 뿐 욕심을 내지 않는다. 집값이 천정부지로 뛰어도 낙심할 일이 없는 그들을 보면 문득 성경 한 구절이 떠오른다. '들에 핀 백합을 보라. 노력하지 않아도 예쁘게 피어난다. 하늘을 나는 새를 보라, 창고가 없어도 배 굶지 아니한다.'

가을 편지

　새벽 공기가 얼음골 바람처럼 차갑습니다. 새벽바람을 마시면서 음식물 쓰레기를 비우러 나갔더니 길고양이 한 마리가 하수구에 떨어진 과일껍질을 먹으려다 도망을 칩니다. '마음 놓고 먹어라.'고 눈짓을 보냈지만 서럽게 자생하는 영혼에겐 통하지 않나 봅니다.
　문득 주인이 먼 곳으로 이사를 가면서 버리고 간 어느 아파트의 애완견이 생각납니다. 무슨 사정으로 버리고 갔는지는 알 수 없지만 하루아침에 그 개는 노숙자 신세로 바뀌었지요. 하지만 마음 밭 따사로운 아낙들이 합세해서 돌보고 있습니다. 그분들은 모임에서 먹다 남은 고기를 챙겨 먹일뿐더러 일부러 생고기를 사서 볶아 먹이곤 한답니다. 그렇게 치성을 드려 거두건만 사람의 품엔 절대 안기지 않는답니다. 또 다른 배신이 두려워서인지, 옛 주인을 간절하게 기다리는지 알 수 없습니다. 밤이 되면 방금 들어온 차 밑을 찾아다니며 웅크린 잠을 자지만 가벼이 다른 주인을 택하진 않는답니다. 그런 걸 보면 쉽게 변절하는 인간보다 훨씬 웅숭깊어 보입니다.

얼마 전 TV 아침 프로에서 그 개의 주인보다 더 비정한 엄마를 보았습니다. 남편이 교도소에 들어간 뒤 두 딸아이를 버리고 떠나갔더군요. 피붙이를 버리고 갈만큼 달콤한 곳이 있었나봅니다. 가엾은 아이들은 고모 댁에서 더부살이를 하다가 고종과 싸운다는 이유로 쫓겨났답니다. 붙일 곳 없는 그들은 남의 집 부엌일을 하면서 자랐고 어느 듯 결혼을 해서 불혹의 나이가 되었습니다.

연륜은 사람을 너그러이 만드는 묘약인가 봅니다. 이젠 모든 게 이해가 된다며 엄마를 찾으려고 방송국에 나왔습니다. 어떤 분이 괘씸한 엄마를 왜 찾느냐고 반문하자 혈육 때문인지 사무치게 그립다고만 합니다. 방송국의 주선으로 생모를 찾았고 수십 년 만에 만난 세 모녀는 부둥켜안고 용암 같은 눈물을 흘렸습니다. 뿌려놓고 거두지 않아도 어미를 애타게 찾는 딸들에게서 사람 냄새가 물씬 풍깁니다.

그 딸들을 보면서 경비실 옆의 초롱꽃을 생각합니다. 지난 겨울 그 화분이 눈을 뒤집어쓰고 얼었다 녹았다 고난을 당할 때, 우리 집 초롱꽃은 엄동설한에도 따뜻한 베란다 안에서 푸릇푸릇 기세등등했습니다. 그러나 아픔이 나쁜 것만이 아닌가

봅니다. 봄이 되자 경비실 옆의 화분에서는 튼실한 싹이 터져 나왔고 초여름엔 초롱 같은 꽃송이를 수없이 피워냈습니다. 바람이 불 때마다 댕그랑댕그랑 종소리가 쏟아질 것 같습니다.

하지만 따뜻하게 호사를 누리던 우리 집의 초롱꽃은 빈약하기 그지없습니다. 연약한 대궁에서 작은 꽃봉오리 몇 송이만 만들어내다 지쳐버렸습니다. 창문을 닫고 보호막 속에서 키운 나를 원망하며 시들어갔습니다. 식물이나 사람이나 고난을 겪어야만 깊고 강해지나 봅니다. 올겨울엔 옥상에 올려놓고 설한풍에 얼려 볼까 합니다. 감싸고도는 건 쇠락의 길로 몰아넣는 어리석음임을 알았습니다. 갈맷빛 나무들이 잎을 훌훌 털어버리고 거친 손목 같은 가지를 드러냅니다. 앙상하게 잎을 턴 나목 위에는 자식을 대처에 보낸 시골노인의 마른 외로움이 걸려있습니다.

내 이웃에는 가슴 아픈 노인 한 분이 계십니다. 아흔이 넘은 노모에게 기대어 사는 철없는 자식 때문에 바람 잘 날이 없습니다. 그 노인을 보면 "늙거든 자식 집에 가지 말라."는 옛말이 생각납니다. 허리띠 졸라매고 불면 날아갈까 땅에 놓으면 꺼질까 키워 서울에서 공부시킨 아들이 불효막심한 짓을 합니다. 버린 고양이, 버린 개, 관심 없이 자란 초롱꽃, 그리고 내팽개친 딸들은 제 구실을 하는데 귀하게 키운 할머니의 아들은 왜 저리도 은공을 모르는지 이웃인 내 가슴에도 주룩주룩 비가 내립니다.

가을 산자락의 풍경처럼 내 머리에도 어느덧 단풍이 내립니다. 때맞추어 두 아들이 올가을엔 나의 둥지에서 떨어져나갈 모양입니다. 잎 떨어진 썰렁한 나목이 되어 한동안 서성일 테지만 마음을 가라앉히고 편하게 살아가렵니다. 오감이 농익은 나이에 빈 가지를 허허롭다 할 리 없습니다. 아이들이 새 움을 틔우는 모습을 먼발치에서 지켜보며 버림의 지혜를 배우렵니다. 어설픈 바람막이는 나약한 꽃대를 만들 뿐이었으니까요. 그들이 가는 길에 서리가 내리고 눈발이 휘날려도 경비실아저씨의 무관심을 곱씹으며 과감하게 버려둘까 합니다. 아픔을 뚫고 돋아나는 튼실한 싹만이 아이들을 곧추세울 것 같아서입니다.

시월입니다. 새벽하늘에 기우는 하현달이 세월에게 갉아 먹힌 내 모습으로 보입니다. 이젠 만월이 되어 중천에 뜨고 싶은 욕망도 일지 않습니다. 할 일을 거반 마쳐가는데 무엇 하러 또 채우겠습니까. 쉬엄쉬엄 쉬면서 내 안을 정리하려 합니다. 여태 분별 모르는 녹색 잎을 털어내며 가을 길을 걸어볼까 합니다.

운현궁에서

 파란만장했던 고궁을 향하는 길이라서 그럴까. 모처럼 찾은 인사동 거리가 인파에 짓밟힌 은행잎들로 지저분하다. 즐비하게 이어진 골동품 가게를 스치자 꽃담으로 둘러싸인 고궁이 저만치서 드러난다. 고종황제의 잠저이고, 흥선대원군의 사저이던 저 터는 풍수지리학적으로 무슨 문제가 있었기에 그토록 환란을 겪었던가. 왕실 생활의 터전이고 조선시대 정치권력의 중심지였던 운현궁 앞에서 나는 발걸음을 멈추고 수굿하게 숨죽이고 있는 기와지붕을 쳐다보았다.
 솟을 대문을 지나 '노안당' 뜰에 들어서자 몰락한 왕족으로 지냈던 이하응의 숱한 일화들이 꼬리를 물고 일어난다. 기생 춘홍의 집에서 무전취식을 하다 군금별장 이장렴으로부터 봉변당하던 이야기며, 상갓집마다 찾아다니며 흐트러진 행동을 보여 세도가 안동 김씨 가문으로부터 모멸 받던 사연하며, 그러면서도 아들에겐 조용히 왕의 법도를 가르쳤다던 흥선대원군의 밀사가 방 안 가득 채워진 듯하다. 서원 철폐와 세도정치 개혁, 그리고 쇄국정치로 숱한 원망을 받았던 흥선대원군의 사적 앞에 나는 왠지 모를 연민이 느껴진다. 어쩌면 그가 문호를 개방하지 않았던 것은 연약한 몸에 항체를 기르듯이 외세에 무방비한 정국을 지키기 위한 의도가 아니었을까 싶어서다. 그 깊은 뜻을 명성왕후가 너그럽게 이해하고 소통을 했더라면 나라의 운명은 어찌 되었을까.

운현궁에서 가장 규모가 크고 중심이 되는 '노락당'을 들여다본다. 이곳은 고종과 명성왕후의 가례를 치른 연회장이 아니던가. 흥선대원군은 이 노락당에서 며느리 명성왕후를 맞이하면서 얼마나 가슴이 벅찼을까. 별스럽지 않는 가문에서 자란 민비가 그의 섭정에 그토록 대항할지를 누가 알았으랴. 어린 고종을 왕좌에 올려놓고 대조비의 뜻에 따라 섭정을 했기로서니, 또 세자 책봉 때문에 갈등이 깊었기로서니 그럴 수 있었을까. 그 모든 것이 외척세력에 밀려나 몰락한 왕족으로 지내던 시어른의 한이란 것을 알고 품었더라면 그런 환란은 없었을 것을. 흥선대원군을 청나라에 납치시키게 한 사건이며, 서러운 세월 겪고 환궁한 그를 반 감금 시킨 야살스런 행동하며, 그러다가 '노안당' 큰방 뒤의 속 방에서 쓸쓸히 종말을 맞게 한 일들이 상상 속에 가득하다. 누구나 권세를 탐하면 그렇게 황폐해지는 걸까. 그의 입장이 되어 보지 않고는 함부로 말하지 말라 했건만, 나는 왜 자꾸만 민비를 탓하는 마음만 이는 걸까. 그건 기고만장하던 패권도 추풍낙엽처럼 사라지는데 부질없는 야망 때문에 일본인의 손에 시해된 종말이 안타까워서다.

운현궁은 풍수지리에 문외한인 내가 봐도 험한 기운이라곤 들지 않는다. 곱게 흘러내린 추녀 선이며, 정교하게 짜인 문살들과 아담한 방, 그리고 무쇠 솥이 엄전케 걸린 부엌의 구조가 그저 살갑게 느껴질 뿐이다.

어느새 나는 '이로당'의 안주인을 상상의 붓으로 그리고 있다. 기와담장에 해당화 넝쿨 올리는 소박한 봄날의 모습과, 모시옷 바삭하게 다려 입는 칠월엔 대발 틈으로 갈바람 기다리는 느긋한 자태를, 그리고 찬바람 이는 가을엔 창호 문에 단풍잎 덧붙이고 달빛 불러들이는 여유와, 싸락눈이 울섶을 다독이는 겨울밤엔 방마다 솜이불 덮어주는 따사로운 여인으로 완성을 하자, 조선의 26대 국모가 차라리 이런 여인이었다면 참혹한 화는 면하지 않았을까 싶다. 연약한 고종을 대신해서 권력을 쥐려 했던 명성왕후의 처연한 종말이 새삼 아프기만 하다.

큰 나무 아래 묘목이 그렇듯이, 홍선대원군의 기백에 눌려 연약했다던 고종황제가 안쓰러우면서도 원망스럽다. '고종이 홍선대원군의 번쩍이는 눈빛만 닮았더라도 명성왕후는 여자로 살았을 것을' 결국 여자의 운명은 남자로 인해 만들어진다는 것을 절감하며 아픈 역사를 간직한 운현궁을 물러나왔다.

울, 그리고 담

어렸을 적엔 울이 허술한 집을 좋아했다. 그런 집에 살면 바람도 구름도 무시로 드나들어 세상 보는 눈치도 빠르고 남들과 쉽게 어울릴 것 같았다. 나지막한 돌담과 싸리문이 삐걱대는 집에서 홀어머니와 같이 사는 친구가 늘 부러웠다. 그 친구는 칠월칠석날이면 연중행사로 열리는 약수터 노래자랑에도 가고, 강변에서 펼쳐지는 가설극장에도 자유롭게 드나들었다. 겨울밤이면 친구들과 어울려 고구마 서리를 해먹고 밤새도록 놀아도 간섭받지 않았다. 그 친구를 보면 고삐 없는 야생마처럼 자유로워 보였다.

할머니는 인척 집에서 놀다가 조금만 늦어도 등불을 들고 찾아오셨다. 한창 재미있게 놀다가 할머니 손에 잡혀서 따라가는 게 불만이었다. 그러니 마음을 달뜨게 하는 곳에는 엄두도 못 내고 자랐다. 고삐를 길게 풀어준 다른 집 부모들은 울이라 여겼고, 코뚜레를 바투 잡은 우리 부모는 넘을 수 없는 담이라 여겼다. 사시사철 내려진 아버지의 계엄령에 우리 집 담은 한없이 높아보였고, 자유를 잃은 내 사춘기는 늘 숨이 막혔다.

고향에는 산 아래 농수를 담고 있는 못이 있는데, 삭풍이 갈기를 세우는 한겨울이면 앞산 솔바람소리에 못물도 지레 얼어버린다. 그렇잖아도 둑에 갇힌 우중충한 물이 나처럼 갑갑하게 보였는데 빙판이 된 못은 내 마음까지 얼어붙게 했다. 막힌 못물과 갇힌 나는 언젠가는 썩을 거라는 망상을 하며 지내던 어느 날, 그런 부질없는 생각을 깰 수 있는 반증의 날이 왔다.

농수가 필요 없는 가을이 되어 못물을 빼는 날이었다. 물이 빠지고 난 진펄에서 살찐 고기들을 잡기 위해 장정들은 만반의 태세를 갖추었다. 반바지만 입고 고무 함지박을 들고 고기가 우글거리는 못 속으로 들어가면, 노인들과 마을 조무래기들은 못 둑에 둘러서서 고기잡이 구경을 했다. 물론 장정들의 몸매를 보기 민망한 아낙네들은 아예 얼씬도 하지 않는다. 잉어와 붕어, 뱀장어와 가물치, 미꾸라지들이 마구 퍼덕대면 주워 담느라 정신이 없었다. 팔뚝만 한 뱀장어를 건져 올릴 땐 구경꾼들의 함성이 파도 타듯 와~ 쏟아지기도 했다. 다만 남정네의 민둥한 살을 봐도 아랑곳 않는 주막집 주모만 못 언저리에서 고동을 줍느라 분주했다. 아마도 그날 저녁엔 논고동무침으로 막걸리 몇 주전자는 더 팔았지 싶다. 해가 설핏해지면 구경꾼들의 손에도 저녁찬거리가 한두 마리씩 배당되고, 검정 고무신에 미꾸라지를 담은 조무래기들도 입이 귀에 걸려 집으로 간다. 시골의 그런 풍경은 마을사람들의 시각과 미각에도 도타운 살을 올리곤 했다.

흐르지 못하는 못물은 투실한 어종들을 길렀던 모양이다. 물속이건 사람 속이건 고뇌하고 갈등하면서 무엇을 품는 모양이다. 그래서 아버지는 나에게 높은 담을 쌓아올리셨던가. 아버지는 내가 시집와서 생솔가지 타는 연기가 뭉클뭉클 올라와도 참아내길 바라셨고 모두 운명이거니 받아들이라고 하셨다.

싸리 울타리같이 쉬운 부모를 탐했던 내가 세상 밖에서 부는 찬바람에 찌들고 상처받고 보니 이제야 아버지의 든든한 담장이 그립다. 모름지기 윤리에 어긋나는 짓은 하지 말라 하시더니 이젠 그런 말씀도 거두어들인 지 오래이다. 이제 아버지의 담도 노쇠해져서 무너져 내리는 소리가 들려온다. 내가 어디를 가든 간섭도 않으신다. 거친 세파에 다치지 않기만을 바랄 뿐.

세상은 참 고르지 못하다. 아버지의 높은 담장 안에서 자란 내가 아이들은 허술한 울타리를 쳐서 키웠다. 명절날이면 담장 높은 집은 손님들이 문전성시를 이루고 애완견마저 기가 살아 골목을 뛰어다닌다. 출세한 가장으로 인해 북적거리는 집을 보면 괜히 울적해진다. 아이들이 풋감같이 탱글탱글한 나이에 절을 삭이고 있을 속을 생각하면 내 안으로 골 깊은 주름이 생긴다. 아이들이 외가를 좋아하는 것도 외할아버지의 든든한 담벼락에서 잔광이나마 쪼이고 싶은 심산일 터이다. 외조부의 담처럼 속으로는 듬직한 설계도를 그리고 있는지도 모를 일이다.

공직에 계셨던 모 선생은 서울에 있는 아들에게 몇 억짜리 아파트를 사주었다 하고, 출중한 모 선배는 아들을 대학교수 자리를 넘보며 MBA 과정을 시킨다 한다. 또 아들의 친구는 20대 후반에 아버지의 무역회사를 물려받게 되었다 하고. 그런 소문을 들으면 내가 지지리도 못나 보인다. 내 아이들이 거친 바다를 조각배를 타고 헤쳐 가는 것 같아 가슴이 아린다.

그런 아들이 용돈을 보내오면 쓸 수가 없다. 차라리 허술한 울이라고 속을 간간이 뒤집어주기라도 하면 편하겠는데 오히려 나를 걱정해준다. 아들은 회식할 때만 마지못해 술을 마실 뿐 옆걸음을 걷지 않는다. 빈약한 울이 되지 않으려고 마음속에 철기둥을 세우는 모양이다.

담처럼 든든하게 품어주지 못한 내가 바라는 건 울 안에서 자란 고난의 세월이 얼어 부푼 보리밭을 밟아주는 반전의 과정이었으면 한다. 바람 불어도 쓰러지지 않는 다부진 포기로 키워 먼 훗날 허술했던 어미의 울타리가 향수로 남았으면 좋겠다.

조율하던 소리

 막냇동생이 젖먹이 때였다. 저녁 해거름에 동생을 업고 울섶에 널린 기저귀를 걷고 있는데 안채에서 아버지의 큰소리가 들려왔다. 어머니의 무슨 잘못으로 또 전운이 터지는지 심장이 뛰기 시작했다. 약자인 어머니도 애처로웠지만 연두 이파리 같은 동생의 귀에 센 소리를 들려주기 싫어 집을 등지고 산모롱이 쪽으로 도망을 쳤다. 조가비같이 작은 심장이 팔딱거릴 걸 생각하니 더 멀리 가고 싶었다. 그러나 동생은 이미 등 뒤에서 누나의 뛰는 심장을 느꼈는지 칭얼거리기 시작했다. 할머니가 계시기에 큰 화는 없을 걸로 믿고 피난을 갔지만 이내 집을 향해 발걸음이 돌려졌다. 서럽게 울어대는 동생을 토닥이며 살금살금 집 가까이 다가서면 또 큰소리가 들려왔다. 그렇게 집 주위를 서성이며 오락가락하기를 몇 차례. 들일을 마친 우리 일꾼들은 지게 위에 어둠을 담아 저녁연기 나지 않는 우리 집으로 찾아들고 있었다. 오두막집의 작은 굴뚝에서도 저녁연기가 피어오르는데……

이번엔 어머니의 날카로운 소리가 화를 품고 쏟아졌다. 아버지의 화풀이가 막을 내리면 그때부터는 어머니의 강세로 기득권을 펼쳐나갔지만 할머니의 만류로 휴전이 이루어져야 했다. 안채엔 화를 내뱉은 앙금이 화산재처럼 내려앉아 정적이 깔렸다. 싸움은 항상 어머니의 패배였다. 일방적인 아버지의 불만이 터져 나오는 연중행사였다. 대개 손님이 왔다 간 뒤와 아이들의 행실이 바르지 못했을 때 된소리가 났다.

특히 손님상에 정성이 담기지 않았을 때 더 화를 내셨다. 계란말이 하나에도 김과 실파를 고명으로 넣고 맛깔스러워야 만족해 하셨다. 장닭 같은 아버지의 기세는 젊은 날 어머니를 숨죽이기에 안성맞춤이었다. 든든한 할머니가 계셔서 조금이나마 마음을 놓을 수 있었지만 불안해하는 우리들 마음은 항상 전운을 대비하고 있었다. 그런 마음을 아는지 모르는지 두 분의 의견대립은 일 년에 몇 차례씩 일어났고 여린 뇌 속에 깊이 박혀버렸다. 두 마음이 일치되는 길은 그토록 힘들게 보여 나의 일기장 한쪽엔 아픈 내용들이 간간이 실리기도 했다.

그런 날의 저녁밥은 대체로 굶는 편이다. 대찬 큰동생만 대충 먹고 다른 가족들은 시장기조차 못 느끼며 잠자리에 든다. 초당방의 일꾼들마저도 숨소리를 낮추어 주면 마치 살충제 뿌린 들판에 메뚜기같이 온 가족이 날개를 접어야 했다. 부부싸움은 칼로 물 베기라지만 몇 일간의 집안 분위기는 살얼음판 같아서 눈치 있게 움직여야 한다. 그 기간 중엔 누구라도 어머니의 말을 듣지 않으면 화풀이의 대상이 되기에 뻣뻣하던 남동생들도 갓 무친 인절미같이 녹진해졌다. 눈치 빠른 강아지마저도 부엌에 얼쩡거리지 않는다. 잘못하면 발길로 차일 수 있으니까.

그러나 모든 것은 시간이 해결해준다. 갈라졌던 물길이 곧 어울리듯이 어둡던 어머니의 얼굴이 밝아지면 집안은 평정을 찾는다. 어떻게 화해를 청했는지 모르지만 괄괄한 아버지의 성품은 냉전기를 며칠 넘기지 못한다. 언제 싸웠는지 모를 분위기로 돌아오면 애꿎게 떨었던 우리들도 해동한 물처럼 마음이 풀어졌다. 그런 분위기는 협곡이 많은 산악지대 같아서 넓은 평야 같은 집안이 되길 갈망했다. 아버지의 논 평수만큼 마음도 넓어졌으면 했다. 상처는 세월이 지나도 옅어질 뿐 지워지지 않는 것이어서 부모의 싸우는 소리를 듣지 않고 자라는 아이들이 부러웠다. 그런 애들이 결 고운 과육이라면 우리는 부딪쳐서 멍든 열매였다.

하지만 비 온 뒤의 햇살이 쾌청하듯이 살맛 날 때도 많았다. 큰 소리는 어쩌다 나는 행사였고 잔잔한 일상 속에서 웃음소리도 간간이 나긴 했다. 성적표가 나오던 날 우등상을 받아오면 호탕한 웃음소리가 담장을 넘어갔고 삶은 계란이라도 몇 개씩

얻어먹으며 목에 힘을 주기도 했다. 기분 좋은 날은 남동생들이 소쿠리를 들고 미꾸라지 잡이에 나선다. 큰동생의 미꾸라지 잡는 솜씨는 일품이었다. 가을 논귀에서 배가 노르스름한 미꾸라지를 잡아 으쓱대고 들어오면 모두들 동생에게 엎어졌다. 할머니는 동생이 조금彫金에 태어나서 물고기를 잘 잡는다고 띄워주면 과묵하던 동생은 비싼 웃음을 씩- 웃으며 만용을 부렸다. 열 명이 넘는 식솔들이 마루가 비좁도록 모여 앉아 제피 냄새 짙은 추어탕을 들이켜며 가족애를 만들어 갔다.

한 마음으로 뭉쳐진 분위기는 가축들까지도 기를 살렸다. 목 맨 송아지도 천방지축으로 뛰어다니고 황구도 꼬리를 흔들며 설렁설렁 마실을 나간다. 큰 소리가 나지 않으면 살아있는 생명체가 초원의 양떼같이 평화로웠다. 예나 지금이나 행복은 늘 잔잔한 데서 나온다. 자갈돌을 간질이며 흐르는 개울물 소리. 할머니의 삼베치마에서 나는 시큼한 땀내에서 행복을 느꼈다.

여름날의 뇌성 벽력 같은 큰 소리와 담장을 넘는 웃음소리를 들으며 아이들이 성숙하는 동안 두 분의 사이도 나지막한 산등성이처럼 변해갔다. 부부가 함께 살아가는 것은 끝없이 맞추어야 하는 고행과도 같다. 큰소리는 두 마음을 조율하는 소리였다. 조율이 끝난 노부부는 절간 같은 집에 앉아 눈빛으로 마음을 읽으신다. 버드나무 이파리의 숨결 소리라도 들릴 것만 같다.

4부

전재용 선장님께
글 항아리 앞에서
마두금
함축, 그 웅숭깊은 매력
원판 불변의 법칙
콩바심 마당에서
사막에서 온 그들
고라니들, 이민 계획 중
가지치기
꿈, 살려내다

전재용 선장님께

 선장님, 저는 지금 휴대폰으로 망망대해를 유유히 전진하는 원양어선 한 척을 보고 있습니다. 남태평양에서 일 년간 참치 조업을 마치고 귀항 길에 오른 광명87호 원양어선입니다. 저 만치 떨어진 곳에선 보트 한 척이 가랑잎처럼 나부끼며 검푸른 파도에 표류하고 있습니다. 공산치하가 싫어 조국을 버리고 나온 월남난민들이 콩나물시루처럼 가득 타고 있는 조각배입니다. 목선 한 척에 아흔여섯 명이 목숨을 걸고 바다에 뛰어들었답니다. 절체절명의 위급한 상황에서 거대한 선박이 지나가자 일제히 손을 흔들며 살려달라고 부르짖고 있습니다. 하나 원양어선은 못 본 척 앞만 보고 지나쳐 버리는군요.
 인접국에선 패망한 나라의 난민들이라고 받아주지 않았답니다. 자유를 찾아 나선 그들을 감싸 안기는커녕 본국으로 강

제송환 시키려는 잔인함에 놀라 풀잎 같은 조각배에 몸을 실었답니다. 거친 바다의 횡포는 또 얼마나 험악한지요. 이웃나라마다 기웃거리다 쫓겨난 그들을 광명 87호마저도 지나쳐 버립니다. 앞만 보고 달리는 선박이 참으로 야속하다 싶습니다. 진종일 지나치는 선박에 매달리길 26번째랍니다. 모두들 기진맥진 널브러져 있습니다.

급변하는 바다의 일기를 누구보다 잘 아시는 J 선장님의 마음이 어찌 편할 리가 있겠습니까. 심히 혼란스러운 J 선장님의 괴로운 모습이 스마트폰 영상으로 재현되고 있습니다. 거센 풍랑이 일면 언제 수장될지 모를 생명들을 그냥 지나치자니 도저히 양심이 허락하지 않나 봅니다. 선체가 일순 뱃머리를 휙 돌리는군요. 아우성치는 그들 곁으로 서서히 접근하고 있습니다. 대형 선박과 조각배가 접선하는 장면을 보며 손에 땀이 맺힙니다. 세상은 아직도 따뜻하다 싶어 심장이 박동 칩니다. 선장님의 군두지휘 아래 선원들이 일사분란하게 움직이고 있습니다. 던져준 거물을 타고 난민들이 바닷게처럼 기어오르자 선원들이 안간힘을 다하여 끌어올리고 있습니다. 구사일생으로 뱃전에 오르는 난민들을 보며 눈물이 흘러내립니다.

그때 선장님께서 난민들의 구조요청을 받고 회사에 연락을 취하자 "관여하지 말라."는 냉철한 답변이 돌아왔다지요. 직원으로서 회사의 지침에 따르는 건 일차적인 도리입니다만 일순 선장님의 심경에 변화가 일어났나 봅니다. 가슴 밑바닥에 원천적으로 실린 양심이 용서하지 않았나 봅니다. 선박회사의 제도권 형틀을 과감하게 깨는 순간입니다. 귀한 생명들을 살려야 한다는 숭고한 정신으로 용단을 내렸나 봅니다. "지금부터 모든 건 내가 책임진다."

선원들에게 단호히 선포하면서 뱃머리를 돌렸다지요. 그때 기수를 돌리는 순간 선장님의 뇌리에선 지금까지 쌓은 경력 모두를 포기하는 건 물론이고 암담한 미래까지도 예측하셨다지요. 인간이면 누구나 위기에 처한 사람들을 구해야 하는 게 상식이지만, 자신의 장래까지 희생하면서 구할 수 있는 사람은 결코 흔하지 않습니다.

드디어 보트피플 전원이 선장님의 배에 올라탔습니다. 아이들과 부녀자들에겐 선원들의 침실을 내주고, 노인과 환자들은 선장님 방에서 보살펴 주는 장면을 보며 울컥 목젖이 뜨거워집니다. 얼마나 눈물겹도록 고마웠겠습니까. 생명을 구해준 은혜보다 큰 공덕은 없습니다. 내 민족이 아니지만 생명을 중히 여기는 선장님의 인품이 한없이 우러러 보입니다. 선장님의 대찬 성품과 따뜻한 인간애에 우레와 같은 박수를 보냅니다.

선원 25명이 먹을 양식과 식수를 96명이 나누어 먹었으니 곧 바닥이 났겠지요. 하나 선장님은 잡아온 참치가 많으니 걱정 말라고 그들을 안심시켰습니다. 짐작건대 그로 인한 회사의 손비처리는 선장님의 사비로 채우려는 각오였으리라 생각합니다. 선장님의 두둑한 배짱을 보면 그런 짐작을 하게 합니다. 선장님이야말로 삭막한 이 시대에 살아있는 성인이 아닐는지요.

하마터면 바닷속에 수장될 뻔한 난민들을 싣고 부산항에 입항하셨습니다. 하지만 세상인심은 살벌해서 예측은 조금도 빗나가지 않았습니다. 입항하는 즉시 선박회사로부터 해고 통지를 받았다지요. 난민을 구했다는 죄목으로 정부청사에 불려가 조사까지 받으셨다면서요. 이윤을 추구하는 회사의 사장은 얼음처럼 차갑고, 국제민심에 동조하는 정부의 태도는 냉철하고 단호하다는 걸 뼈저리게 느꼈을 겁니다. 아흔여섯 명의 생명을 구해 준 죄목으로 하루아침에 실업자가 되셨다니 어처구니가 없습니다. 거대한 원양어선의 선장 직함은 박애정신으로 인해 하루아침에 이슬처럼 사라졌습니다.

북받쳐 오르는 울분을 삼키며 이력서를 들고 선박회사 여러 곳을 찾아 다녔지만 어느 회사도 선장님을 받아 주질 않았다는군요. 사람을 귀하게 여긴 선장님께 영광스런 훈장은커녕 직업까지 잃어버린 황당한 심경을 어찌 말로 표현할 수 있겠습니까. 아녀자인 저의 가슴에도 주체 못할 공분이 들끓고 있습니다.

허탈한 심정으로 고향인 통영으로 내려오셔서 멍게 양식업을 하신다지요. 가족들을 위해 호구지책으로 택하신 양식업이 아닐는지요. 인륜을 거역하지 않는 선장님의 인품과 희생정신에 머리 조아려 감사를 드립니다. 각박한 현실을 감내하면서도 그 많은 생명을 살린 것에 한 번도 후회하신 적이 없다 하시니 더더욱 경외심이 입니다.

전재용 선장님~.

선장님의 자비로 자유를 찾은 난민들은 수용소에서 일 년 반을 지내다가 미국으로 건너가 뿌리를 내렸다지요. 사람인 이상 생명의 은인을 어찌 잊을 수 있겠습니까. 그들이 17년간 선장님을 수소문한 끝에 간신히 연락이 닿았고, 몇 년 전 미국에서 재회를 하셨다지요. 난민들이 모두 공항에 나와 환영 피켓을 들고 선장님을 기다리는 그들이 혈육을 만난 듯 흥분하고 있었습니다. 부둥켜안고 쓰다듬는 장면을 보면서 선장님의 희생이 결코 헛것이 아니란 걸 느꼈습니다. 어느 형제가 그토록 눈물 흘리며 맞아주겠는지요. 스마트폰의 작은 영상을 보는 저의 가슴에도 환희의 물결이 출렁거립니다. 더욱 놀라운 것은 난민들이 선장님을 유엔 난센상에 추천했으나 "나 아니라도 누가 구해도 구했을 겁니다." 일축하셨다지요.

작은 선행을 하고도 알리지 못해 전전긍긍하는 저의 얼굴이 화끈거립니다.

그런데 선장님, 세모그룹의 세월호 선장은 왜 그렇게 기본 소양도 갖추지 못했는지요. 리더의 자격이 없는 건 물론이고 철저히 이기적이었으며 인간애라곤 없는 비정한 사람이었습니다. 선장을 믿고 수학 여행길에 오른 학생들과 손님을 두고 어찌 자기만 살겠다고 팬티바람으로 뛰어내릴 수 있습니까. 부끄러운 그 장면을 보며 울분이 터져 나왔습니다. 세월호 선장이 전재용 선장님이었다면 저렇게 큰 참변은 없었을 겁니다. 배가 침몰할 상황이 닥쳤는데 어떻게 손님들을 객실에 두고 직원들만 살리고 구명보트를 탑니까. 선장이란 배가 좌초될 위기를 당하면 손님을 먼저 구해야 할 의무가 있고 최대한 희생을 막아야 할 책임이 있습니다. J 선장님은 내 나라 민족이 아니어도 그 많은 생명을 구출하셨는데 말입니다.

금번 수백 명의 목숨을 앗아간 세월호 선박회사와 해경과 당국이 J 선장님과 같은 인간애를 가졌더라면 저토록 많은 희생자를 내진 않았을 겁니다. 세월호 참사를 보며 우리 사회가 너무 이기적으로 변해가고 있음을 통감했습니다. 책임질 것이 두려워서인지 인간애가 없어서인지 리더십을 내지 않는다는 겁니다. 자기만 살려고 뛰어내린 선장은 물론이고 구출에 연관된 기관의 단체장들도 내 자식이 그 배에 탔다는 심정으로 강력한 통솔력을 발휘했더라면 희생자를 많이 줄였을 테지요. 사람은 위급할 때 본성과 초인적인 능력이 나온다고 합니다.

난민구출로 인해 직장을 잃고, 난민구출했다는 죄로 정부청사에 불려가 조사를 받고서도 당신은 굳건히 살아가고 계십니다. 난민을 구해주신 자비로움 때문에 고향바다의 양식업도 대대손손 번창하리라 믿습니다. 큰 희생으로 많은 생명을 살리신 고귀한 선장님의 정신을 전 국민이 본받았으면 합니다. 선장님이 우리 국민이어서 한없이 자랑스럽습니다. 선장님을 존경합니다.

글 항아리 앞에서

누구나 자기의 잘못은 알고 있다. 단지 인정하기를 싫어할 뿐이다.

저녁 설거지를 하면서 아홉 시 뉴스를 듣는데 녹차산업을 취재한 기자의 음성이 다분히 고조되어있다. 녹차의 수요는 늘지 않는데 감귤농장까지 파헤쳐서 녹차 밭을 만들어 어쩌자는 거냐고 분개하고 있다. 오늘따라 일면식도 없는 기자의 말이 내 가슴에 꽂힌다. 도둑이 제 발에 저린다더니 글맛이나 차茶 맛이나 같은 맥락이란 생각이 들어서이다.

녹차의 여린 새순이 차가 되기까지는 모진 곤욕을 치른다. 뜨거운 무쇠 솥에서 달달 볶이고, 거친 덕석에서 진물이 나도록 멍을 들인다. 골병 든 녹차가 커피만큼 대중화가 되지 못하는 것은 첨가물이 없기 때문이다. 몸에는 이로워도 입이 싫어

하면 마시는 횟수가 뜸해진다. 대중을 부담 없이 즐기게 해야 수요가 많은데 그러려면 입의 말씀을 들어야 한다. 커피의 원액은 녹차보다 쓰지만 프리마와 설탕을 가미해서 입맛을 사로잡았다. 그래선지 이젠 원두커피의 향기만 맡아도 기분이 좋아진다는 사람이 수없이 많다. 녹차와 수필도 변해야 산다. 한 번 맛을 보면 자꾸만 생각나게 할 수는 없을까.

내가 쓰는 수필을 향해 이렇게 기도한다. 끓어오르는 국수 솥에 찬물을 끼얹으면 면발이 '내가 아직 덜 익었구나.' 하고 자숙하는 시간을 갖듯이, 말의 수압이 차오를 때 좀 더 절을 삭이라고 누가 찬물을 끼얹어 주길 바란다. 체험한 글도 콸콸 쏟아내기보다는 체에 걸러 결 고운 문장들로 맛깔스럽게 담아내고 싶다.

서점의 풍경 또한 변했으면 한다. 한껏 치장하고 거짓으로 꾸며낸 짜릿한 소설에만 관심두지 말고, 사람의 살 냄새가 풍기고 땀방울에 젖은 수필에도 눈길을 주었으면 좋겠다. 서두가 좋아서 본론까지 쉽게 끌려들게 하고 씹히는 알갱이가 있어 결론까지 고소하게 음미하면서 읽을 수 있는 수필이었으면 좋겠다. 가슴이 찡하거나 웃음을 터뜨리는 구절이 있어 다음 글도 입맛을 다시게 했으면 좋겠다.

J 수필가의 글을 무척 좋아한다. 어떤 이는 자신을 너무 드러낸다고 하지만 그렇게 쓸 수 있는 용기에 찬사를 보낸다. 공감하지 못하는 수필은 독자에게 멀어질 뿐이다. 소설은 허

구를 인정하기에 자신이 주인공이라도 발뺌할 수 있고, 시는 함축된 시어로 베일을 칠 수도 있지만, 허구를 말하지 않는 수필이야 말로 모시적삼 속에 아른거리는 살갗 같아서 더더욱 정감이 간다.

그 작가의 글속엔 아픔이 배어있지만 자존심이란 철근이 들어있어 가볍지가 않다. 끓는 감정을 그대로 적으면 독자의 감정에 화상을 입힐까봐 가슴에서 진하게 달인 뒤 식혀서 쓴 것이다. 교양과 체면으로 두꺼운 포장을 하면 독자가 멀어진다는 것을 알고 글마다 보일락 말락 얇은 가운을 걸친 듯 진솔한 내용들이다.

그녀의 수필집은 구절구절 무릎을 치게 하는 표현들이 많아 캐다 만 감자밭같이 미련이 남는다. 간간이 잠이 오지 않는 밤엔 이삭줍기를 하듯 다시 들어가도 초벌갈이에 캐내지 못한 토실한 씨알들을 주울 수 있다. 그의 글은 체험을 들려주지만 천박하지 않고 독자의 가슴에 무지개를 뜨게 한다. 주제에 따라 새뜻한 겉절이 맛이었다가, 묵은 김치같이 곰삭은 맛을 내기도 하고, 얼음이 동동 뜨는 동치미국물처럼 속을 시원하게 뚫어주기도 해서 수필이야말로 살가운 문학이라고 자부심을 갖게 한다.

작가의 바람이라면 독자가 많아지는 것일 게다. 단 한 명이라도 자신의 글을 몇 번씩 애독하고 있다는 걸 알면 얼마나 흐뭇할지, 나는 그 작가처럼 감칠맛 나는 글 한 편을 언제쯤 풀어낼 수 있을지 마냥 안달을 내고 있다. 그런 재주가 없는 나는 제발 독자들이 읽다가 졸지나 말았으면 싶다. 하지만 나의 글은 멍에 없는 송아지처럼 제멋대로 내달리고 싶어 한다. 맛깔스런 글 한 편을 쓰는 작업이 이렇게 어려운가. 내 글의 일차독자인 아들은 요즘 내가 쓴 수필을 읽어주질 않는다. 가식 없이 순수하게 썼을 땐 흥미롭다며 슬쩍 훔쳐도 보더니 이젠

"어머니의 글도 따분해져 가네요."

한다. 가끔씩 문맥이 맞나 검증을 부탁하면 회사일도 머리 아프다며 귀찮아해서 아들에게조차 거절당한 내 글을 내팽개치고 싶어진다. 태풍의 눈 속에 든 것처럼 멍한 가슴을 쓸어내리지만 내 글이 흔들리고 있다는 걸 알기에 거듭 되새김질만 할 뿐이다.

내 글의 항해에는 목적지가 없다. 표류하는 배의 기수를 인구밀도가 높은 곳으로 갈 것인지, 몇 명의 냉철한 독자를 겨냥해서 빙산 같은 곳으로 갈 것인지 기로를 잡아야 한다. 대중을 향해서 가려면 시원한 청량음료가 되기도 하고, 달콤한 망고주스도 되었다가, 때로는 가슴을 뜨끈하게 데워주는 쌍화차도 되어야 한다. 그러나 저밀도의 땅으로 가려면 딱딱한 호두껍데기 속의 알갱이처럼 영양가는 충분하되 쉽게 먹지 못하게 무장을 해야 한다. 그런 글은 대중에겐 자장가이면서 소수에겐 연구감이 되기도 한다.

내 안을 살펴보면 글을 쓸 수 있는 지적 자양분이 충분치가 않다. 겨울 지나고 봄의 한가운데서 농익어 한쪽이 썩어가는 호박을 잘라보면 씨앗이 빼죽이 싹을 틔우고 있는데 그게 바로 나의 내면 풍경이 아닐까 싶다. 썩은 틈 사이로 비치는 미약한 빛살에도 싹을 틔우는 호박씨처럼 나는 참 용기도 좋다는 넋두리를 해본다. 지금이라도 때늦은 자양분을 끌어들인다면 끝호박 같은 열매 하나 맺어질는지, 아니면 넝쿨만 넌출거리다 된서리에 시들고 말 것인지.

그것이 궁금하다. 나는 왜 신들린 듯 글을 못 쓰는지.

마두금 馬頭琴

 낙타가 사경을 헤맨 끝에 새끼를 낳았다. 물 한 모금 벌컥벌컥 마실 수 없는 고비사막에서 힘에 부친 난산을 한 것이다. 산고의 고통이 얼마나 심했으면 귀여운 새끼가 안중에도 없을까. 멀찌감치 서서 '내 몸 가누기도 힘든데 새끼가 대수냐.'는 식이다. 처절한 어미의 고통을 갓 난 새끼가 알 리 없다. 비틀거리면서도 어미젖무덤을 찾아 나서는 새끼 때문에 주인은 애간장이 타들어간다.

 해산한 낙타가 사막 한가운데 망연히 서있는 모습을 카메라가 오래도록 비추고 있다. 죽을 만큼 고통스런 모습이 안타깝다. 그래도 태어난 자식을 어쩌겠는가. '낙타야, 제발 새끼에게 젖을 주렴.' 초조한 마음으로 지켜보자니 회오리바람이 정신 좀 차리라는 듯 산모의 등을 휘갈긴다. 낙타주인은 젖병에 양유를 담아 먹여보지만 새끼 낙타는 번번이 밀어내기만 한다. 말이 통하지 않는 짐승과의 소통을 고민하던 주인은 궁여지책으로 음악을 들려줄 결심을 한다.

사막의 바람은 무소불위의 연주자다. 주인이 산후병에 걸린 어미낙타의 등에 자신의 애장품인 마두금을 매달아놓고 선창을 하며 바람에게 연주를 청한다. 고독한 사막을 내달리던 바람이 신문고를 두드리듯 마두금을 흔드니 악보도 없는 곡조가 구슬프게 사막을 흔든다. 애절한 멜로디가 산고에 지친 낙타의 심금을 울렸을까.

아름다운 음악은 우주만물과 소통하는 공통언어라 했다. 멍하니 서있던 낙타가 마두금의 애달픈 선율을 듣고 눈물을 주르륵 흘린다. 잠시 새끼를 버린 회한의 눈물인가. 암컷으로 태어난 가혹한 운명이 서러웠을까.

우울한 마음을 눈물로 씻어냈나 보다. 어미 낙타가 갑자기 뿌리친 새끼에게 다가가서 슬며시 젖을 물린다. 어미의 퉁퉁 불은 젖가슴에 매달린 새끼가 쏟아지는 모유를 물고 떨어질 줄 모른다. 휴! 마음 조이며 지켜보던 시청자들도 가슴이 뭉클했으리라. 말 못 하는 짐승도 모성은 진한가 보다. 음악으로 짐승의 마음을 돌린 마부의 지혜가 무릎을 치게 한다.

지난여름 TV에서 보았던 고약한 산모에게도 음악을 들려줬더라면 그러진 않았을까. 취재기자가 어느 아파트 관리실에서 CCTV를 틀어 달라고 했다. 잠깐 뒤 화질 좋은 모니터에 젊은 여자가 검정 비닐봉지를 묵직하게 채워 지하주차장 구석에 슬쩍 두고 간다. 얼마 후에 순찰을 돌던 경비원이 검은 물체를 쓰레기인 줄 알고 들춰보다가 놀라 멈칫 뒤로 물러선다. 이럴 수가! 검정비닐봉지 속에 담긴 것은 쓰레기가 아니라 손발이 꼼지락거리는 갓 태어난 핏덩이다.

추적한 결과 비닐봉투를 버리고 간 여인은 방금 아이를 해산한 산모다. 탯줄에 매달린 새끼를 젖 한 모금 먹이지 않고 그대로 쓰레기처럼 버린 것이다. 어쩌다 사람 사는 세상이 이 지경이 되었을까. 전신에 소름이 돋는다. 자식을 버리는 어미 심정이야 오죽하겠냐마는 그 무슨 변명으로도 용서받을 수 없는 죄악이다.

피치 못할 사정으로 키울 형편이 못 되면 보육원에라도 맡겨야지. 썩은 생선 버리듯 던지고 가다니. 생명에 대한 모독이다. 태어나자마자 어미 손에 버려진 아이가 몇 시간을 비닐봉지 속에서 사투를 벌이다가 경비원에 의해 살아나다니!

사막의 낙타와 사람, 두 산모를 화면으로 지켜보며 마음이 착잡하다. 문명은 나날이 발전하고 있는데 인류의 마지막 양심인 모성의 추락은 무엇을 의미하는가. 갑자기 세상이 무섭다. 나도 낙타주인처럼 마두금 하나쯤 간직해야겠다.

* 마두금馬頭琴: 몽고의 민속악기. 현악기의 일종.

함축, 그 웅숭깊은 매력

　신세대들에게 톡톡 튀는 기발함이 있다면, 황금빛 구세대들에겐 지혜와 풍자와 해학의 미가 배어있다. 젊은이들은 일이 꼬이면 '아, 짜증나.'를 연발하며 주위를 조급하게 만들지만, 구세대들은 일이 풀리지 않아도 입을 꽉 다물고 초지일관 침묵으로 주변을 제압한다. 그런 분들 곁에서 숨을 죽이고 있노라면 고통의 덩어리가 허물어져 내리는 탁음이 들리는 듯하다. 세파를 헤쳐 나온 경험에 비추어 일이 어떤 방향으로 흘러갈 것이란 걸 예측하기에 고불古佛처럼 흔들림이 없다. 날숨 속에 섞여 나오는 원망이라야 '모든 것이 내 탓이오'다. 그런 분들의 오감은 수십 길 우물 같아서 깊이를 가늠할 수 없다.
　시각과 청각이 끌어들인 것을 생으로 발설하면 비위에 그슬리고 비린내가 나지만, 자제를 미덕으로 꾹꾹 눌러둔 말들은 오랜 세월 뒤에 뼈만 오롯이 남고 맑은 물이 고인다. 살과 비개와 힘줄이 죄다 녹아내린 몇 점의 뼈 같은 말이 '사자성어'이다. 깊으면서도 담백하고 무거우면서도 기지가 번쩍이고 뒤틀린 듯하나 재치가 넘치는 사자성어는 깊은 강물에서 길어 올린 이무기를 닮았다. 우리나라 팔도 사람들의 기질과 성품을 네 글자로 풀이한 말이 바로 그런 맛이다. 그 지방만의 특이한 자연환경과 관습에서 길들여진 공통적인 성향을 단 네 글자로 함축해서 표현한 내공에 거듭 경탄을 금치 못한다.

함경도 사람들의 기질을 사자성어로 나타낸 말이 '석전경우石田耕牛'이다. 돌밭을 경작하는 소와같이 억척스럽고 우직하다는 뜻이다. 춥고 험악한 산악지대에서 살아가는 사람들의 강인함이 단 네 글자 속에 응축되어 있다.

평안도민들의 사자성어는 '맹호출림猛虎出林'이다. 사나운 호랑이가 숲에서 뛰어나오는 것처럼 평안도 사람들의 용맹하고 성급한 기질을 평한 말이다. 으스스 무서움이 밀려드는 네 글자다.

황해도 사람들에겐 '투석춘파投石春播'라는 사자성어가 주어졌다. 던지는 돌을 맞으면서도 봄이 되면 씨앗을 뿌린다는 뜻인데 그만큼 강인하고 삶에 집착이 강한 성품을 지녔다는 말이다. 이북사람들의 성향이 모두 강하고 억척스러워 짠한 연민을 일게 한다.

강원도 사람들을 비유한 사자성어는 해학의 극치를 이룬다.

'암하노불岩下老佛'! 바위 밑에 앉은 오래된 불상이란 뜻이다. 산골에서 순하고 우직하게 살아가는 강원도 사람들을 바위 아래 좌정한 노불에 비유하다니, 이 얼마나 멋진 반전의 사자성어인가. 사방이 험준한 산맥으로 가로 막힌 갑갑한 지형 속에서 체념한 듯 살아가는 영동 영서 사람들의 성품을 성인의 경지까지 끌어올린 풍자에 폭소를 터트리지 않을 수 없다.

경기도와 서울사람들은 '경중미인鏡中美人'이다. 즉 거울 속의 미인이란 뜻이다. 말만 들어도 고요하고 맑은 가인을 떠올리게 한다. 경우가 바르고 얌전한 서울, 경기 분들의 성격을 이처럼 간결하고 맑게 함축할 수 있을까. 싸우기 싫어하고 예절바른 사람들에게 붙여진 은유적인 단어 앞에 나는 머리를 조아린다.

충청도 사람들은 계룡산의 정기를 받아 '청풍명월'이란 사자성어를 얻었다. 맑은 바람과 밝은 달을 벗 삼아 술을 마시고 유유자적하게 살아간다는 비유이다. 세상에 바쁠 것 없이 살아가는 충청도 양반들의 태평 성대한 모습이 바람과 달에 동격화 시킨 그 엄청난 재치라니. 나도 그렇게 한 번 살아보고 싶다.

그럼 남도 사람들은 무슨 말로 비유했을까?

전라도 사람들의 유한 성품을 비유한 네 글자는 '세류춘풍'이다. 봄바람에 하늘거리는 버들가지처럼 부드럽고 애교가 많다는 뜻이리라. 예향의 고장 남도 사람들의 인성을 봄바람에 나부끼는 버들가지에 비유해 미소를 짓게 한다. 넓은 평야를 가진 호남지방 사람들이 부드러운 것은 먹고 사는데 어려움이 없었다는 뜻이다. 예술은 식사 후, 즉 배부른 뒤의 일이다. 고산 윤선도의 풍요로운 귀거래사 〈어부사시사〉가 들리는 듯하다.

　취하여 누웠다가 여울 아래 내려가려다
　배 매어라 배 매어라
　떨어진 꽃잎이 흘러오니 선경이 가깝도다.
　찌거덩찌거덩
　인간의 붉은 티끌 얼마나 가렸느냐.

　그럼 무뚝뚝한 경상도 사람들을 사자성어로 어떻게 표현했을까. 특히 경상도 남자들은 수가 틀리면 일언지하에 "때리치앗뿌라."가 십팔번인데 그 멋대가리 없는 직언정론에 능한 기질을 무슨 말로 수식을 하는지 궁금하다. 한데 유감스럽게도 여자에게 살가운 말이라곤 할 줄 모르는 뻣뻣한 성정의 도민들에게 평가절상해서 평을 했다. '송죽대절'! 소나무 같이 꿋꿋하고 대나무처럼 곧다는 말이다. 대의를 위해서 절개를 지킨다는 호평은 퇴계 이황 선생과 남명 조식 선생의 문하에서 배운 선비들의 위대한 업적이 아니겠는가.
　경상도 남자들이여, 부디 선조들의 업적을 따르면서 조금은 더 부드러워지시길 바란다.

원판 불변의 법칙

 마취약이 스며들자 피부가 순식간에 굳어지기 시작했다. 매스로 자르고 가위로 도려내도 남의 살갗을 도려내듯 아무런 감각이 없다. 의사와 간호사는 처진 눈꺼풀 수술쯤은 붕어 배 따는 것만큼 쉬운 일인지 수술과는 상관없는 대화를 연신 주고받는다. 긴장감이라곤 없어 수술대에 누워서도 제대로 하고 있는지 걱정스럽다. 그러잖아도 표 나지 않게 살짝 걷어낸다는 말이 걸렸는데 느슨한 분위기를 틈타 한마디 끼어들었다. "너무 작게 잘라낸 건 아닌가요?" 그 말을 듣던 의사가 도려낸 부위를 보여주며 이 정도 잘랐으면 시원한 눈이 될 거라고 한다. 눈썹이 듬성듬성 붙은 탄력 잃은 내 피부가 꼭 돈피를 닮았다.
 '이젠 사진을 찍어도 감긴 눈은 아니겠지.' 안도의 숨을 쉬는데 절개 부분을 봉합하면서 간호사에게 설명하는 소리가 귓전을 때린다. "성형수술에서 원판 불변의 법칙은 없다."고. 그렇다면 원판이 못생긴 사람은 수술해도 큰 효과가 없다는 결론이다. 순간 마음 언저리에 쑥스럽게 차지한 작은 기대감이 코를 움켜쥐고 휙 빠져나가는 듯하다. 맞는 말이다. 집수리도 그렇지 않던가. 뼈대는 그대로 두고 도배와 장판을 깔고 페인트칠을 하고 전등까지 갈아 봤자 집은 그 집이다. 산뜻할 뿐 원판을 못 알아보는 건 아니었다.

원판 불변의 법칙은 성형외과 의사들께만 쓰이는 용어가 아니었다. 그건 잊고 지냈던 인연 찾기에도 정말 요긴하게 쓰였다. 오스트리아 여행을 마치고 다시 체코의 프라하로 가려는 참이었다. 아침 일찍 호텔로비에서 전세버스를 기다리고 있는데 또 그녀가 다가왔다. 여행 첫날부터 어디서 본 듯하다며 틈틈이 말을 걸어온 나보다 십년은 젊어 보이는 여인이 나를 향해 "혹시 범어사 법당에 나가십니까?" 여행의 막바지라 헤어지기 전에 궁금증을 풀어야겠다는 의도 때문인지 질문 속에 초조함이 잔뜩 묻어있었다. 다른 절에 나간다고 했더니 "그러면 동래 컨트리에 공치러 오십니까?"

골프채도 잡아보지 못한 나에게 던진 고급스런 질문이라 웃음이 나왔다. 대답 대신 고개를 저었더니 고추 먹는 소리로 말문을 닫는다. 여행사의 주선으로 같은 팀이 되어 만났지만 볼프강 호수에서 유람선을 탈 때도, 배에서 내려 기념품 가게를 기웃거릴 때도 그녀는 살갑게 내 곁을 맴돌았다. 소금으로 만든 양초꽂이를 사면 센스 있는 선물을 산다 하고, 한기가 들어 어깨에 숄을 두르면 호수 물빛과 너무 잘 어울린다며 칭찬을 아끼지 않았다.

여행기간 내내 호감을 보여준 성의가 고마워서 오늘은 무심히 넘길 수 없다는 생각이 들었다. 나 역시 저 여인과 어디에서 인연의 고리를 맺었는지 촉수를 세워봤지만 더듬이가 쉽게 돌아나지 않았다. 한데 오늘은 함께 수수께끼를 풀어야겠다는 의무감이 발동했다. 한국 사람은 다섯 단계만 그치면 모르는 이가 없다고 하지 않던가. 거주지, 나이, 직업, 학연, 고향 등을 훑어가다 보면 걸려드는 교집합이 반드시 나온다고 한다. 일행들로부터 그녀의 내역을 얼핏 들은바가 있어 수학문제를 풀듯 대입법을 적용시키기로 했다. 그녀와 같은 연령대의 수준이 비슷한 친척 조카 이름을 대면 의문이 풀리려나? "혹시 ○○를 아십니까?

사람이 흥분하면 음성이 높아지고 고유의 품위도 잠깐 내려놓는 법이다. 열흘 간 함께한 그녀의 이미지는 지성과 교양을 갖춘 우아한 여성이었다. 여행 중에도 나처럼 운동화를 신지 않고 가벼운 트렌치코트에 단화를 신고 다녔다. 그토록 품위를 갖춘 여인이 찰나에 그녀답지 않게 돌변했다. 잽싸게 말을 받아서 ○○가 자기의 고종사촌이라고 높은 톤으로 숨 가쁘게 답하는 게 아닌가.

어릿한 게 단수 구단이라고 나의 추측이 단번에 명중을 했다. 해답이 명쾌하게 풀렸다. 내 입에서 참으로 오랜만에 그녀의 이름이 크게 터져 나왔다. 그녀가 초등학교 오학년 때 그의 집에서 이틀 밤을 지내며 결혼 준비를 했다. 친척 올케인 그녀의 어머니가 나를 중매한 분이다. 그때 어린 초등학생이었던 그녀가 조숙하게도 날 보고 오대 독자에게 시집가는 걸 못 마땅하게 생각했다. 책상 앞에 앉아서 "나 같으면 그런 데 안 간다."고 단호히 말하던 당찬 모습이 되살아났다. 그때의 통통하고 귀여운 모습은 흔적 없이 사라지고 눈가에 잔주름이 생긴 중년여인으로 여기서 나타나다니!

옆에서 예의주시하던 그녀의 남편이 이역만리 동유럽에서 낯선 여자가 아내의 이름을 부르자 눈이 휘둥그레졌다. 그녀가 내 손을 잡고 남편 앞에서 달뜬 목소리로 나를 소개하자 데면데면하게 지낸 관계를 풀고 고개를 숙여 정중하게 인사를 나누었다. 일행들도 더디어 궁금증을 풀었다고 박수로 환호해서 호텔 로비가 왁자해졌다. 사십 년간 퇴화된 내 모습 어딘가에 일그러져가는 원판이 조각 달 만큼 남았던가 보다. 그래서 끈질기게 확인하고 싶었나 보다. 그녀와 나는 원판불변의 법칙으로 머나 먼 동유럽에서 사십여 년 만에 재회했다.

콩 바심 마당에서

 소슬한 갈바람에 콩 깍지가 바싹하다. 오늘 털지 않으면 저절로 흩뿌릴 태세라 마음이 바쁘다. 고작 대여섯 달 간의 생장을 거쳤지만 콩들의 고난은 애순부터 시작되었다. 콩 모종을 심은 후 뿌리가 활착하자마자 모질게도 순을 쳤다. 두 번째 역시 속잎이 터져 나와 나풀거릴 때쯤 순지르기를 했다. 하지만 순치기 정도야 눈도 깜짝 않았고 며칠 만에 또 너풀너풀한 이파리들이 밭고랑을 한가득 덮었다.

 콩 꽃이 피기 시작하자 유월 장마가 성큼 찾아왔고 콩의 천적인 노린재가 일기 시작했다. 콩꼬투리에 붙어 진액을 빨아 먹기 시작하면 콩 농사는 헛것이라는 말에 부리나케 약을 쳤다. 난생처음 분무기에 약을 타서 두어 번 뿌렸더니 그제야 노린재들이 숙지근해졌다.

한데 콩의 수확에 큰 장애물이 또 하나 있었다. 밭 옆에 우뚝 서서 어둠을 밝혀주는 외등이었다. 어두운 밤이 있어 만물이 잠을 자는데 그건 콩에게도 해당 되는 생리현상이란다. 밤이 어둡지 않으면 꽃만 내내 피고 열매가 맺지 않는다 해서 면사무소에 부탁해서 가로등을 껐다. 노란 콩엔 노란 꽃, 파란 콩엔 흰 꽃, 검정콩엔 보라색 꽃이 피어 아기자기한 화원을 이루었다. 콩 꽃은 열매를 맺기 위한 모성애가 숨어있어서인지 순결하고 청아하고 자애롭게 보였다.

한데 한해살이 식물에게도 풍파는 왜 그렇게 굽이굽이 찾아오던지? 올해는 이글거리는 태양의 열기 대신 비 세례를 몸서리치게 받게 했다. 사흘돌이 쏟아 붓는 장대비에 떠내려 갈 고비도 몇 번 겪었는데 다행히 잘 버텨 주었다. 여름은 그렇다 치고 반갑잖은 가을비는 왜 그렇게 잦았는지 모를 일이다. 꼬투리 안에 빗물 들어올까 앙다문 콩깍지가 마음 놓지 못했을 게다.

폭풍우 거세게 치던 날, 콩대가 넘어질까 걱정되어 찾아갔지만 속수무책이었다. 우산 속에서 망연히 속을 끓이다가 돌아섰다. 한데 며칠 뒤 만신창이가 되었을 콩밭을 찾아갔더니 비록 이랑에 몸을 뉘었지만 생기는 여전했다. 강아지 젖꼭지만큼 생기기 시작한 알맹이들을 토실하게 살찌우느라 안간힘을 다하고 있었다.

오늘 나는 때를 알고 몸을 풀려는 콩을 거두어들인다. 가을 마당에 덕석을 펴고 바싹 마른 콩꼬투리에 자근자근 매질을 하며 난세에도 고이 품던 알곡들을 세상 밖으로 내보내는 콩깍지들의 소리를 듣는다. '나는 썩어서 밑거름이 되어주마. 많은 종자를 퍼뜨려다오.'

콩깍지의 염원을 생각하면 콩을 먹지 못한다. 노란 콩, 파란 콩, 검정콩, 그리고 붉은 팥을 유리병에 담아두고 눈요기만 하다가 내년 봄에 많은 파종을 해야겠다.

사막에서 온 그들

- 을녀심과 그 동족들

'을녀심'. 이름조차 쓸쓸하다. 발갛게 물 든 얼굴로 창가에 기대서서 먼 하늘을 향하고 있다. 꽃도 아닌 것이 꽃모양을 하고서 눈길을 끈다. 사진을 보고 서둘러 데리러 갔더니 다육식물이란다. 곧추세운 대궁 끝에 모자반 같은 망울들이 오달지게 맺혔다. 낯설어하는 을녀심을 데리고 돌아서는데 주인이 테라스로 불러들여 구경하고 가란다. 관엽 식물과 큰 나무만 키우는 내가 을녀심에 끌려와 사막의 식물들을 감상하게 되었다.

"어머나! 이렇게 많은 다육이들이라니! 곱게도 키우셨다." 감탄사를 연발 쏟아냈더니 신바람이 나서 테라스 구석구석 숨

김없이 보여준다. 설 자리가 없는 애들은 창문틀에 얹혀 있고 문어다리처럼 늘어진 애들은 철제기둥에 매달려 대롱거린다. 춥게 키워야 고운 색을 보여주고, 화분이 비좁아야 자태가 앙증맞고, 물을 굶겨야 웃자라지 않는다며 다육식물들의 생태를 설파 하는 주인의 음성에 자신감이 넘친다.

얼음이 어는 날씨에도 동사하지 않는 게 주인에 대한 보답인가. '식물도 감동을 주려면 뼈가 저리도록 고행을 해야 하는구나.' 생명 가진 모든 것들은 노동의 대가로 살아가고 인정을 받으려면 피나는 고통 없이는 불가능하다는 생각이 스쳐간다. 한겨울에 휑하니 뚫린 테라스에다 수분 많은 다육이들을 두는 게 달갑잖아서 "왜 이렇게 모질시리 담금질을 시키느냐?"고 질문을 던졌더니 무식한 질문을 받는다는 듯 힐끔 쳐다보며 2차적인 설명을 곁들인다. 사막의 기후는 한낮엔 불볕이 쏟아지고 밤엔 혹독하게 추워지는데 가급적 그와 비슷한 환경을 만들어줘야 제대로 생장한다며 은근히 교육을 시킨다.

나는 무엇이 마음에 들면 깊이 빠지고 집착하게 된다. 을녀심과 함께 홍옥이와 방울복랑금을 데리고 와서 그들의 아기자기한 매력에 빠져들기 시작했다. 서너 가지 종류로는 한에 차지 않아서 이튿날 화훼단지를 다시 찾았다. 예쁜 다육식물을 스무 종류쯤 골라 저마다 어울리는 분에 심어 고이 모셔왔다. 내 것이 되고 보니 속속들이 살갑다. 불룩 부풀어 오른 물주머니들을 보고 있자니 밑바닥까지 가라앉은 내 안의 세포들이 통통 튀며 일어서는 것 같다. 조석으로 눈을 맞추며 관심을 쏟는데 꽃집 주인 시키는 대로 한달 간 물을 주지 않으려니 좀이 쑤신다.

드디어 한 달이 지났다. 귀곡 소리 나는 15층 베란다에 내다 놓고 소주잔으로 잘금잘금 물을 제겼더니 감로수처럼 빨아들인다. 접시 물도 그들에겐 생명수가 되고 생장의 원동력이 되는가 보다. 금세 모래알이 촉촉해지고 급하게 마신 탓에 트림까지 꼬르륵한다. 분갈이 몸살이 끝났으니 지금부터 춥지만 햇살이 들어오는 베란다에 두고 웃자람을 막아야 한다. 고행 시작이다.

여태 나는 사막이라면 머리에서 발까지 하얀 옷을 멋스럽게 걸치고, 등에 물혹을 저장한 낙타를 타고 오아시스를 찾아다니는 낭만 가득한 곳인 줄 알았다. 한데 사막의 유전인자를 가지고 국위선양하러 온 다육식물들을 키우면서 그곳 사람들의 삶 자체가 고행이고 수행이란 걸 어렴풋이 알아차린다.

- 사막의 수정 '장미석'

당근마켓에 들어갔더니 장미석이란 생소한 이름이 뜬다. 돌이 장미꽃 모양으로 생겼다니! 그래서 이름도 장미석인가. 너무 귀한 것 같아 얼른 구입해야겠다는 생각이 드는데 현지에서 근무했던 분이라며 설명을 올려 두었다.

"장미석은 사막의 수정이라 불리는데 발굴하는 과정이 굉장히 힘듭니다. 모래를 조금 걷어내면 석회질 지층이 나오는데 곡괭이로 찍어도 꿈쩍도 않습니다. 콘크리트보다 더 단단하여 대형 천공기나 중장비를 이용해야 석회질 층을 걷어낼 수 있고, 그 지층을 걷어내도 운이 좋아야 장미석 밀집 군락을 만날 수 있으며 허락이 떨어져야 채굴할 수 있습니다. 제가 근무했던 1980년대는 반출 금지 품목이라 현지 브로커에게 간신히 구입해 배로 실어온 것입니다."

발굴한 과정과 가져온 경로가 아주 힘들었다는 상황을 세세하게 설명해 두었다. 모래가 뜨거운 태양열을 받고 압축되면서 진액이 흘러 굳어진 것인데, 몇 천만년 전부터 수정처럼 생성되어 장미꽃잎처럼 자란 것이니 얼마나 고귀한 수석인가. 바싹 마른 모래가 진액을 짜낸다는 걸 상상하면 태양열의 온도가 어느 정도인지 몸서리 칠 일이다. 사막이 무엇을 얼마나 잘 못했기에 태양이 저토록 가혹한 형벌을 내릴까? 설령 몹쓸 죄를 지었기로서니 긴 세월을 너무 가혹하게 벌을 준다는 생각이 들어 사막의 생명들과 사물들에게 연민의 정이 인다.

실물을 받아보니 사진 보다 훨씬 큰 장미석이다. 가져오는 도중에 장미꽃잎이 부서질까 불안했는데 쓸데없는 걱정이었다. 강도가 엄청 단단하다. 몇 천만 년 전부터 압축되어 생성된 장미석의 강도를 염려한 자신이 무지해서 부끄럽다. 장미석은 사막의 고행이 도가 넘쳐 예술로 승화시킨 자연이 만든 작품이다. 거부하지 않고 받아들이는 사막의 겸손함에 머리가 절로 숙여진다.

사막에서 온 그들이 화두를 던진다. 오종종한 다육식물들이 '너는 사람을 감동시키기 위해 후끈 달아오르는 낮 시간과 뼈가 시린 추운 밤을 불평 없이 견뎌 본 적이 있었던가? 너는 사시사철 뜨거운 열에 뼈를 녹여 예술로 승화시킨 장미석처럼 치열한 작품을 창작한 적이 있었느냐? 고 반문하는 듯하다.

고라니들, 이민 계획 중

 목덜미가 움푹 뜯겨 나갔다. 등껍질도 군데군데 뜯겨 나갔다. 털마저 뽑혀 나간 고라니 한 마리가 일어섰다가 쓰러지고, 쓰러졌다가 일어서기를 반복한다. 이미 혼이 달아났는지 중심을 잡지 못한다. 동물에게도 자존심이 있는가? 아니면 사람이 무서웠던가. 우릴 보고 대숲으로 몸을 숨긴다.
 야생화를 담고 내려오는데 먼저 내려간 친구 두 명이 저만치서 빨리 오라는 손짓을 한다. 무슨 일일까? 안절부절못하고 서성거려서 잰걸음으로 다가갔더니 고라니 한 마리가 처참하게 훼손된 채 비뚤거리고 있다. 횡사 직전의 동물 앞에서 정신이 멍해진다. 친구의 말에 의하면 산에서 개 두 마리가 고라니의 목덜미를 문 채 끌고 오더란다. 양처럼 순한 것이 개 두 마리에게 무참하게 당한 것이다. 치가 떨리는 광경을 보고 그냥 있을 수 없었으리라. 돌이건 막대이건 닥치는 대로 주위 들고 개들을 쫓아버렸단다. 봄꽃 담으러 왔다가 동물들의 혈전을 봐야 하다니. 아니 싸움이 아니고 일방적으로 기습공격을 당한 것으로 보인다.

그러고 보니 야생화를 찾아 비탈을 오르내릴 때 건너편 등성이에서 개들이 쫓아다니는 걸 보긴 했다. 그냥 장난치는 줄 알았지 그게 고라니를 공격하는 순간이란 걸 몰랐다. 무엇이던 건성으로 보는 내 성격이 오늘만큼 미운 적이 없다. 관찰력이 없어서 구해 주지 못한 내 가슴에 비가 내린다. 죽음의 순간에도 피붙이 하나 곁에 없는 혈혈단신 고라니. 저 가여운 것을 꼭 살려야지. 발을 동동 구르면서 야생동물 보호센터에 구조요청을 했더니 이곳까지 도착하려면 한 시간은 족히 걸린단다. 생명이 위급한 동물을 옆에 두고 기다리는 시간이 이렇게 길 줄이야.

소란스러운 소리를 듣고 마을 주민 한 분이 올라 오셨다. 침착한 표정으로 상태를 살피더니 개 주인을 향해 고래고래 외친다. 격분한 목소리로 "개를 와 풀어 놓았능교?" 몇 번이나 목청을 돋우어서 보낸 물음에 "들리지 않는다."는 대답뿐이다. 같은 마을 사람으로서 실망스러운지 "안 들리면 됐니더." 체념하고 돌아선다. 그러면서 흘리고 가는 말, "고라니가 농작물을 뜯어 먹어서 일부러 개를 풀어놓았는지 모릅니다." 어쩌면 그 말이 정답인지 모른다.

죽음의 기운이 엄습하는 대숲에서 명줄을 잡고 있는 고라니를 향해 응원을 보냈다. "고라니야, 너를 꼭 살려 줄게, 구조대가 오고 있어, 조금만 참고 기다려라."고 했더니 그때까지는 고개를 들어 살아있다는 신호를 보내주었다. 두어 번 교감을 주고받다가 목이 타서 차 안에 넣어둔 물병을 가지고 왔다. 목을 축인 후 다시 조심스레 고라니를 불렀더니 이번엔 아무런 기척이 없다. 살금살금 다가가도 고개를 들지 않는다. 그 사이에 대숲에서 고독한 생을 마무리 하고 이제 처참하게 훼손된 육신이야 관계없다는 듯 누워있다.

　노루처럼 날카로운 송곳니도 없는 고라니는 차라리 눈 감는 게 편안하겠다. 한 끼 양식을 구하기 위해 산으로 들로 얼마나 쏘다녔던가. 살생을 하지 않고 선하게 살아도 헤치는 자는 따로 있다. 밭작물 갉아 먹은 죄로 원망은 얼마나 들었으며 복수의 칼날은 또 얼마나 받았던가. 고라니를 보호하는 정책이 없는 이 땅에서, 아니 잡아오면 포상금을 주는 이 나라에서 생명을 지탱하기란 시간문제다. 허기진 배를 채우기 위해 눈치 받으며 사느라 고생 많았다고, 다음 생에서는 동물을 사랑하는 나라에서 태어나라는 말을 사체 위에 덮어 주고 돌아섰다.

　고라니는 원시시대부터 야생의 조건을 갖추지 못한 동물이다. 맹수가 우글거리는 숲속에서 살려면 날카로운 이빨과 거친 뿔과 비호같이 뛰어다닐 체력, 그리고 눈에 살기가 번쩍이는 광포한 성질을 타고 나야 한다. 그런 조건을 갖추지 못한 채 산짐승으로 태어난다는 것은 아웃사이드에서 서럽게 살다가 강자들의 밥이 되는 길이다. 약육강식의 전례가 사라지지 않는 한 순하고 착하면 불협화음 다반사인 이 땅에서 기를 펼 수 없으며 안전하게 살 수 없다.

그나마 일제강점기 때 호랑이, 늑대, 여우, 스라소니. 삵, 족제비 등의 맹수들을 모두 제거한 덕에 채식동물인 고라니의 개체 수가 번식할 수 있었단다. 고라니는 선한 동물이다. 성질이 온순하면 이빨과 위장이 강하지 못해 연한 밭작물이 식성에 맞는지 모른다. 그래서 애써 지은 콩 농사며 채소나 과일에 해를 끼쳐서 농민들의 천적으로 낙인 찍혔다. 어찌해야 저 순한 고라니들과 함께 살꼬? 지금 이 순간 그것만이 간절해서 웹 서핑을 해본다.

고라니는 우리나라에서만 흔한 동물이지 세계적으론 멸종위기에 있는 보호 받는 사슴 종류라고 한다. 그렇다면 이 땅에 사는 고라니들을 모두 모아서 동물을 사랑하는 나라로 이민을 보내야겠다. 그런 나라에선 구차하게 밭작물을 훔쳐 먹지 않아도 된다. 호구지책으로 입에 풀칠 좀 했다고 돌팔매질을 받지 않아도 되고 음흉한 지시에 충성을 다하는 개들의 사냥감이 되지 않아도 된다. 더 넓은 초원에서 마음껏 뛰어놀며 양질의 풀을 마음껏 먹을 수 있고, 관을 쓴 사슴처럼 귀족동물로 대접받을 수 있다. 그런 나라에선 순명을 다할 때까지 위협이 따르지 않겠다.
 이제 고라니들은 이민 준비 중이다.

가지치기

 올해도 베란다의 나무들이 쑥쑥 자랐다. 이웃나무들과 가지가 뒤엉켜도 자르지 않았더니 작은 숲을 방불케 해서 창을 열어두면 새라도 날아들 것 같다. 그 나무들을 앞에 두고 차를 마시면 밴자민과 파키라와 알로우카리아와 폴리시아스, 그리고 관음죽과 개운죽, 천사의 나팔꽃과 아마릴리스 등 식물들의 풋풋한 향이 밀려들어 청량하기 이를 데 없다.
 나와는 반대로 관리소 직원들은 해마다 가지치기를 한다. 화단에 심어진 동백꽃, 목련, 종려나무, 향나무 등을 모질시리 잘라버린다. 수북이 쌓인 가지들의 잔해를 보며 속이 상해서 이웃 분들에게 "관리소 직원들은 나무가 크는 꼴을 못 본다."고 하소연을 하기도 한다. 꽃봉오리가 망울망울 맺힌 나무들을 사정없이 잘라 버리는 저 사람들에게도 정이 있나 싶다. 참다

못해 왜 나무를 자르느냐고 물었더니 일층에 사는 분들의 조망이 가려서 친다고 했다. 그러면 아예 심지를 말아야지 새순만 올라오면 가위를 들이대니 살아남겠느냐고 볼멘소리로 쏘아 주었다.

오늘 옛 마을에 들렀다가 노거수인 당산나무 한 그루를 만났다. '얼마나 긴 세월을 버텨 왔기에 저토록 둥치가 우람할까.' 차를 세우고 당산 앞에 세워진 나무의 내력을 읽어 봤다. 고려 말에 원씨 성을 가진 사람이 심었다고 해서 일명 원정자 나무라 부르는데 수령이 약 700년, 나무 둘레가 7m, 수고가 15m나 된다고 적혀있다. 장정 예닐곱 명이 팔을 둘러 안아야 싸일 만큼 둥치가 거대한데, 그에 비해 가지는 그다지 늘어지게 뻗지 않았다. 아주 안정감 있게 수형이 잡혀서 천재지변이 일어나도 꿈쩍 않고 버틸 것 같다. 옆에 계신 노인께 나무가 어쩜 이렇게 균형이 잘 잡혔느냐고 여쭈었더니 "마을 사람들이 해마다 사다리를 놓고 웃자라는 가지들을 잘라 주어서지요."라고 답을 주셨다. '그래서 둥치에 영양분이 모이고 수형이 안정감 있게 자랐구나.' 웃자라는 가지들을 쳐주는 게 나쁜 것이 아니란 생각이 스쳐가자 관리소 직원들에게 불평을 말한 게 미안해진다.

엊그제 박제상 문학제에서 양산 시장님의 격려사가 가슴에 꽂혔다. "얼마 지나지 않아 지금 잘나가는 직종이 대다수 없어지며 한평생 직장을 열 번은 바꿔야 살아갈 수 있다."고 격변하는 시대를 앞 짚어 주셨다. 시장님의 말씀대로 미래가 변해간 다면 아이들이 어떻게 살아갈까 걱정이 앞선다. 나무는 빗물만 마시고도 한 자리에서 700년을 살아가는데 하물며 사람이 닥치는 대로 헤쳐 나갈 텐데 괜한 염려를 하는 것이다.

시장님 말씀대로라면 나는 시대를 앞선 사람이다. 벌써 몇 가지 직종을 바꾸면서 여기까지 버티어 왔다. 집안 일만 하던 내가 생활전선에 뛰어들었지만 업이 바뀔 때마다 좌절하지 않았고 다시 일어서길 반복했다. 항상 새로운 일을 신기하게 받아들이며 언젠가는 잘 될 거라는 기대를 가지고 일을 했다. 개척정신으로 살아가는 나를 보고 주변 사람들은 활기차서 보기 좋다고 한다. 친구는 엄한 아버지 슬하에서 자라 숫기라곤 없던 내가 남에게 기대지 않고 살아가는 게 기특해서 가끔 농담을 던지곤 한다. "너를 잔디처럼 강인하게 만들어 준 환경에 고마워하라."는 직언을 해서 한바탕 웃기도 한다.

자랄 때 대농가에서 자랐지만 농사일은 하지 않았다. 바깥일 대신 어머니를 도와 가족들과 일꾼들 삼시 세끼 밥해 먹이는 것만으로도 하루 일과가 바빴다. 친구는 내가 자라온 과정에 비해 잘 헤쳐 나가는 게 안심이 되어 농담을 했으리라. 여태 살아 보니 영원한 건 아무것도 없었다. 부모도 영원한 보호자가 아니며 남편도 영원한 반려자가 아니다. 젊은 날부터 내 인생은 내 스스로 헤쳐 나가야 한다는 걸 깨닫고 스스로 살아가는 법을 깨달았다.

어느 분이 나에게 이런 말을 한 적이 있다. "만약 네가 고위 공직자의 아내였다면 안하에 사람이 없을 거라고." 했다. 맞는 말이다. 자라는 과정에서 무엇이 나를 교만하게 만들었는지 모르지만 내 안엔 알 수 없는 오만함이 서려있었다. 창조주는 나의 그 기운을 없애려고 가지를 꺾어주고 힘들게 살게 했는지 모른다. 요즘은 세찬 물살에 치어 풀이 많이 죽어 보이는지 "너는 옛날처럼 머리 까딱 쳐들고 다닐 때가 좋던데."라고 아쉬 워하는 이도 있다. 웃자라는 가지를 쳐주는 사람이 있는가 하면, 가지가 잘려서 수굿해진 모습을 보기 싫어하는 사람도 있다.

당산나무를 보고 돌아와 베란다의 웃자라는 나무들을 사정없이 잘랐다. "아파도 참아라. 너희들도 당산나무처럼 천둥 번개와 태풍을 이겨내며 긴 세월을 버티려면 웃자라는 가지들을 쳐주어야 한다."

꿈, 살려내다

 방정맞은 전화벨 소리에 잠이 깼다. 불길한 예감에 허둥거리며 수화기를 들었더니 경찰관이라는 분이 아들의 이름을 확인한다. 교통사고가 났으니 H병원으로 급히 오라면서 생명에는 지장이 없다는 말을 덧붙인다.
 응급실에 들어서자 말과는 다르게 상황이 급박하다. 의사와 간호사가 침대에 누워서 비명을 지르는 아들을 잡고 사진을 찍느라 분주하다. 의식을 확인하려고 아이의 이름을 불렀더니 비명소리만 질러댄다. 간호사가 고통을 들어주려고 진통제 주사를 놓자 일순 비명소리가 사라진다. 그리곤 얼굴이 새하얗게 변하면서 머리를 좌우로 두어 번 흔든다. 난 천장이 떠나갈 듯 부르짖던 고통이 주사약의 효력으로 가라앉는 줄 알았지, 그게 숨을 거두는 길이라는 걸 황당한 내 의식으론 판단할 수 없었다.

    수련의가 다급하게 전문의를 불렀고 달려온 의료진이 심폐소생술을 시작했다. 처음 당해보는 사투의 현장에서 의사는 하늘에서 내려온 신이었다. 모니터에 그래프가 가물가물 꺼져가도 의사니까 살려내리라 믿었다. 전기 충전기를 들이대도 공중으로 튕겨 오를 뿐 호흡이 터지지 않는다. 그래도 잠시 후 살아나리라 믿었다. 한데 혼신을 다한 의사가 아들의 몸에서 손을 떼며 나의 눈을 피한다. 그리곤 머리를 숙여 죄송하다고 한다. 왜 나에게 사죄를 하는지 정신이 혼미했다. 그냥 아파 죽겠다던 아들의 몸만 주무르고 있었다. 아들은 그렇게 한 줌의 재로 만경창파에 뿌려졌다.

    당해 보니 울음은 덜 답답해야 울 수 있는 제스처에 불과했다. 아들의 방문을 열면 싱긋 웃는 사진과 아끼던 옷가지들이 정체된 시간 속에 주인을 기다리고 있다. 북받쳐 오르는 서러움을 토해내고 싶어도 이웃이 부끄러워 꾹꾹 삼켰다. 눈만 뜨면 영정사진이 기다리고 있는 법당을 찾아가 종일토록 쳐다봤다. 갈급한 마음은 법문으로 채우고 타들어가는 목은 냉수로 축이면서 다시 어미의 품으로 돌아오는 환상을 그리고 있었다. 집으로 돌아와 마저 뿌리지 못한 유골함을 보면 내 속이 화산처럼 터질 듯 했다. 온 산야를 헤매도 어디에도 내 아들을 묻을 곳이 없었다.

막 재齋를 앞두고 양복과 구두를 사러 대학로를 찾았다. 팔척장신에 맞는 옷을 사고 신발 문수를 고르다가 참았던 눈물이 왈칵 쏟아진다. 신발가게 아저씨가 눈치를 알아채고 생면부지의 나에게 할 말이 없다고 위로한다.

거리에 나서자 스쳐가는 청년들의 풋풋한 살 내음, 청바지 입은 긴 다리, 손잡고 걷는 젊은 연인들의 모습이 금덩이보다 부러웠다. 그토록 즐겨 듣던 〈애인〉의 주제곡이 거리에 울려 퍼져도 들을 수 없는 영혼이 가련하다. 살아 숨 쉬는 벌레 한 마리도 가버린 아들보다 복이 많다 싶다. 우리도 남들처럼 부자로 살아보자며 들려주던 언약이 귓전에 맴돈다. 어둠이 내려앉는 퇴근시간이면 베란다 문을 열고 뚜벅뚜벅 귀가하는 청년의 환상을 본다. 주인 없는 텅 빈 방, 보물처럼 아끼던 휴대폰, 즐겨먹던 쇠고기 국 등, 좋아하던 모든 걸 고스란히 남겨두고 한 마리 새처럼 날아간 자식! 보고 싶어 속이 녹아내린다. 잘 해 준 건 하나도 없고 채찍질한 말들만 석탄처럼 새까맣게 가슴에 쌓인다.

법당에 머물던 49일 동안도, 마지막 옷을 태우는 소각장 앞에서도 환생 하라고 갈구했다. 피지 못한 생명이 다시 돌아오는 것만이 절절한 염원이었다. 청청한 젊은 목숨을 거둔 영가를 위해 일심으로 기도해준 스님께 엎드려 삼배를 드렸다. 가슴에 자식을 묻은 나에게 한 가닥 희망의 끈을 쥐어주고 싶었을까. 녹차를 따르는 스님께서 "재齋가 끝나면 반드시 현몽한다."고 장담을 하셨다.

1997년 음력 사월 초사흘 새벽,

 내 앞에 북통같은 자루가 놓여있다. 궁금해서 다가서자 자루가 툭 터지면서 신생아가 아장아장 말을 하며 걸어 나온다.
 "아니, 네가 다시 오다니!!! 어떻게 된 일이냐?"
 "엄마, 하느님께서 아직 올 때가 멀었다며 돌아가라고 해서 왔어요."
 아랫도리를 보니 아들이었고 탯줄을 자르려고 가위를 드는 순간 꿈에서 깨어났다. 벽에 걸린 시계가 정각 새벽6시다. 맏손자를 잃고 실의에 빠진 시어머님께 꿈 이야기를 드렸더니 환생했다 하시고, 스님께도 꿈 이야기를 드렸더니 인도환생은 이루어졌다고 하셨다. 아이가 자루 속에서 나오던 그 순간에 어느 자궁 속에 수태가 되었다고 호언장담하셨다.
 아들은 지금쯤 다복한 가정에서 호사를 누리면서 고등학교에 다니리라 믿어 의심치 않는다.
 〈믿는 자에게 복이 있나니, 천국이 너의 것이니라.〉

■ **작가 연보**

• 약력
-1952년 울산시 울주군 웅촌면 검단리에서 아버지 金渭燾와 어머니 徐福守의 장녀로 태어났다.
-검단초등학교, 웅촌중학교, 울산여자상업고등학교를 졸업하고 늦은 나이에 한국방송통신대학교 국어국문학과를 졸업했다.

• 문단 경력
-2003년 정한길 선생님 문하에서 문학수업을 시작하고
-2004년 『문학예술』 가을호에 「노을처럼 살고 싶다」로 등단했다.
-2005년 부경수필 아카데미 박양근 교수님 문하에서 문학수업을 받고 『수필과비평』지에서 「큰물 지던 날」로 신인상을 받았다.
-2010년~2012년까지 부산수필문인협회 재무를 맡아 봉사했으며
-2011년~2013년까지 '부산수필과비평작가회' 회장을 역임했다.
-2012년 12월 22일 부산일보 '토요에세이'난에 「노을처럼」이 게재.

-2013년 계간 『수필세계』가 선정하는 '우리 시대의 수필작가'로 선정.
-2017년~2018년까지 '박제상 추모백일장' 심사위원으로 활동.
-2020년 『The수필』 '2020빛나는 수필가 60'에 「옴쌀」 선정.
-현재 부산문인협회 이사, 부산수필문인협회 이사, 부산수필과비평작가회 자문위원으로 활동 중이다.

• 수상 내역
-제14회 수필과비평문학상 수상(2014년)
-제1회 부산수필문인협회 주최 '올해의 작품상' 수상 「객승」(2010년)
-제1회 민들레수필문학상 (2006년 『에세이문예사』 주최, 부산수필학회 후원)

• 초대수필 게재
-2016년 『전북수필』에 초대수필
-2016년 『충북수필』 창간호에 '회고의 글'
-2019년 『부산가톨릭문학』에 '초대수필
-2019년 『에세이21』 가을호에 권두수필
-2020년 『제주수필과비평』지에 초대수필

• 저서
- 『객승』(2013년 부산문화재단 문예창작기금을 수혜 받아 『수필과비평』사에서 발간)
- 『달바라기』(2017년 부산문화재단 문예창작기금을 수혜 받아 『수필과비평』사에서 발간)
- 『돌아갈 수 없어 다행이다』(2020년 현대수필 100인선 『수필과비평』사에서 발간)

현대수필가 100인선 Ⅱ· 58
김수인 수필선

돌아갈 수 없어 다행이다

초판인쇄 | 2020년 6월 20일
초판발행 | 2020년 7월 01일

지은이 | 김 수 인
펴낸이 | 서 정 환
펴낸곳 | 수필과비평사 · 좋은수필사

주 소 | 서울시 종로구 삼일대로 32길 36,
　　　　305호(익선동 30-6)운현신화타워)
전 화 | 02)3675-5635, 010-3231-4002
등 록 | 제300-2013-133호
홈페이지 | http://www.shinapub.com
e-mail | essay321@hanmail.net

값 8,000원

ISBN 979-11-5933-273-9　　04810
ISBN 979-11-85796-15-4　(전 100권)

* 저자와 협의하여 인지는 생략합니다.
* 잘못된 책은 바꿔 드립니다.

이 도서의 국립중앙도서관 출판시도서목록(CIP)은 서지정보
유통지원시스템 홈페이지(http://seoji.nl.go.kr)와 국가자료
공동목록시스템(http://www.nl.go.kr/kolisnet)에서 이용하실
수 있습니다.(CIP제어번호: CIP2020026695)